ちくま文庫

# 落語を聴いてみたけど面白くなかった人へ

頭木弘樹



筑摩書房

# 目次

## 第二章　「耳の物語」と「目の物語」　101

挿画・南伸坊

# はじめに　「面白くないのがあたりまえ」というところから始めてみたい

## ●「面白いから、聴いてみて！」ですめば話は早いが

落語を人にすすめるとしたら、やっぱり「面白いから、聴いてみて！」と言うしかないと思います。

しかし、実際のところ、いきなり落語を聴いて、すぐに「面白い！」となる人がどれほどいるでしょうか。

たいていは「面白くなくもないけど、また聴くほどではないかな……」とか、「どちらかと言えば、面白くないかも……」とか、「何が面白いのか、さっぱりわからない！」とか。残念ながら、そういう人のほうが多いでしょう。

では、そういう人たちは、落語とは無縁の人たちなのか？

そうではないように思うのです。

そういう人たちの中にも、じつは落語が大好きになるはずの人が、たくさんいると思うのです。

## ●「面白くなかった人」に対して、落語を語ることはできないか

では、どうしたらいいのか?

「落語は面白いよ」というところからではなく、「落語は面白くないと思ってあたりまえ」というところから話を始められないかと思いました。

その人たちは、落語を聴いて面白くないと思ったわけですから、その気持ちを大切にしたいと思うのです。そこにはちゃんと理由があると思うのです。

その理由、つまり「なぜ落語は面白くないのか?」という、その謎を解き明かしながら、落語について語っていけたらと思いました。

それがこの本です。

## ●率直な疑問で、落語を問い直してみる

具体的には、「落語を聴いてみたけど面白くなかった人」が抱きそうな、落語に関する率直な疑問、たとえば「落《お》ちが、面白くないどころか、意味不明だった。落ちが大切なはずなのに、なぜ?」とか、そういうたくさんの疑問に、ひとつひとつ答えていきながら、できれば、意外な謎解きにまでもっていけたらと思っています。

どんな分野もそうですが、初心者の率直な疑問が、思いがけないところをついていて、詳しい者もハッとさせられて、あらためて何かに気づかされるということがあるものです。

たとえば、本を読まない人から単行本について、「なぜ表紙が硬くて、中が柔らかいの？」と聞かれたことがあります。「そんなのあたりまえだろ。それでなきゃ、読みにくい」とそのときは思ったのですが、あとで調べると、中国には昔、表紙が柔らかくて中が硬いという本もあったのです。それを知って、本というものの形についての認識がずいぶんあらたまりました。もっといろんな可能性があるのだと。

## ●どういう人に読んでもらいたいか

そういう次第で、この本は、まだ落語を聴いたことのない人や、「落語を聴いてみたけど面白くなかった人」にも、読んでいただきたいと思っています。

ただ、そういう人は、なかなか落語の本を手にとってくださらないでしょう。ですから、もしできることなら、落語好きの人がお読みくださって、そういう方たちに語っていただけると、とてもありがたいです。

落語好きの方がお読みくださっても、楽しんでいただける内容にしたつもりです。

もちろん力不足ではありますから、「この謎解きは、もっとこうしたほうが」というご意見があれば、ぜひお聞かせいただきたいです。

## ●文学は落語から学ぶべきものがまだたくさんある

それから、落語は聴かなくても、小説やドラマや映画や漫画は好きな人、つまり「物語が好き」な人にも、ぜひ読んでみていただきたいと思っています。

日本の文学は、落語からじつに多くのものを得ています。話すように書くという言文一致運動でも、落語の速記が大きな役割を果たしました。また、夏目漱石《なつめそうせき》などの文豪が、落語の影響を強く受けていることは有名でしょう。太宰治《だざいおさむ》は、蔵書しない主義でしたが、落語の神様と言われる三遊亭圓朝《さんゆうていえんちょう》の全集だけは、ずっと手放さなかったそうです。

日本だけでなく世界的にも、文学は語り芸からとても多くのものを得ています。

それは過去においてもそうでしたが、じつは、これからもまた、新たに学ぶべきものがあるのではないかと思っているのです。

新しい物語が誕生するためには、またあらためて落語などの口承《こうしょう》文学から、何かを取り入れることが必要だと、とても感じているのです。

## ●どうでもいいと思っている人にすすめるのは難しい

とまあ、手前勝手な熱を吹きましたが、落語に興味のない人に、落語に興味を持ってもらうというのは難題です。

「落語は面白いですよ」と人にすすめると、「ああ、そうなんでしょうね」などと曖昧な返事をされることが多いものです。

「面白いと思う人もいるんだろうけど、でもまあ、自分はいいです」というようなニュアンス。

ぜんぜん落語を知らなければ、かえってもう少しは興味を持ってもらえるでしょう。

「それはいったいどんなものなんです？」と。

でも、たいていの人は、一度は落語を耳にしたことがあります。着物を着た人が座布団に座って語っている姿をテレビで目にしたこともあるでしょう。

落語好きな人がいることも知っているし、古典芸能として素晴らしいものであることも知っているし、名人と賞賛される人がいることも知っている。

食わず嫌いというわけではなく、ちゃんと聴いたことがあって、そのうえで、興味がないのです。

嫌いというまでの強い反応もなく、なんとなく興味がない。わざわざ聴くほどの必要性を感じない。ようするに、どうでもいい。

これがいちばんつらいところです。

落語を聴いたことがないというのなら、聴いてみてもらえばいいわけですが、「落語を聴いてみたけど、面白くない」という人には、そこからまた興味を持ってもらうというのは、大変困難です。もう確認済みなのですから。

## ●「もっと名人のを聴けば」はなかなか通用しない

落語好きとしては、そういうとき、「それは聴いたのがよくなかった。もっと面白い噺《はなし》があるし、名人が語っているのを聴けば……」というようなことを言いたくなります。

しかしこれはなかなか通用しません。

たとえば、本好きな人なら、面白い本と面白くない本があるのは当然で、面白くない本があったからといって、本全体が面白くないとは思いません。

しかし、あるジャンルにまだ詳しくない場合には、そのジャンルの一作品がつまらないと、そのジャンル全体がつまらないと判断してしまいがちです。同じ箱に詰まったリンゴの一個がおいしくなかったのに、「他のも試してみて」と言われても、勘弁《かんべん》でしょう。

## ●味がわかるようになるまで聴いてもらうことも難しい

それに、そもそも名人の噺をちゃんと聴いている場合も少なくありません。それこそ、古今亭志ん生《ここんていしんしょう》の『火焔太鼓《かえんだいこ》』のような、これぞ落語というようなものを。

そういう場合には、落語好きとしては、今度はこう言いたくなります。納豆を初めて食べた外国人に向かって言うように、「なかなか最初は味がわからないんだよ。慣《な》れてくれれば、この味がいいと思うようになるから」と。

しかし、なんの因果で、面白くないと感じている落語を、慣れるほど何度も聴かなければならないでしょう。落語なんか好きにならなくても、損した気はまったくしないというのに。

聴き込まないとわからないなんて言ったのでは、かえって敷居が高くなってしまうだけです。

## ●落語はじつは敷居が高い

だいたいに、落語というのは、敷居が高いものです。演者は着物を着ている、使っている言葉には古くて意味のわからないものがある、お話の背景も江戸時代などで、様子がよくわからない。笑えると言われても、わからないことだらけでは、笑うのも難しい。今のはどういう意味なんだろう、なんて思っていると、話はどんどん先に進んでいってしまっている。

江戸のことがわかって楽しいなどと言われても、江戸のことを勉強しないとわからないと言われているようで、負担がますます大きいだけです。

というわけで、「落語を聴いてみたけど、面白くなかった」というほうが当然で、落語好きな人がそれでも世の中にけっこういるほうが、かえって不思議なくらいです。

## ●落語を聴かないのはなぜもったいないのか

それでも、私はあえて言いたいと思うのです。

「落語を聴かないのは、あまりにも、もったいないですよ」と。

「なぜ?」と聴かれると、なかなか一口《ひとくち》には説明できません。

本好きな人は、本を読まないことをもったいないと知っています。でも、「本なんか読まなくても生きていける」と言って、立派に生きている人に対して、本を読むことの素晴らしさを説くことは、なかなか難しいでしょう。

落語の場合も同じです。でも、一口に説明できないのは、それだけ落語の魅力がたくさんあるからです。

そのたくさんの魅力について、これからお話しさせていただければと思っています。

## ●落語ならではの面白さとはいかなるものなのか

私自身が落語とどう関わってきたかは、「あとがき」に書かせていただきました。私は落語に何度も救われたと思っています。今も、落語を聴かない日は一日もありません。

といっても、私は演芸評論家ではありません。文学紹介者です。なので、ちょっと変わった落語紹介になると思います。ディケンズ、カフカ、クンデラ、マルケス、クッツェー、夏目漱石、幸田露伴《こうだろはん》などの作家たちも登場させる予定です。

いろんな角度から、落語ならではの面白さとはいかなるものなのかという大きな謎に迫っていけたらと思っています。落語はなぜ面白くないかの答えは、落語はなぜ面白いのかということでもあるはずだからです。

うまく語れましたら、おなぐさみ。

# 第一章　「落語は落ちが命」の本当の意味

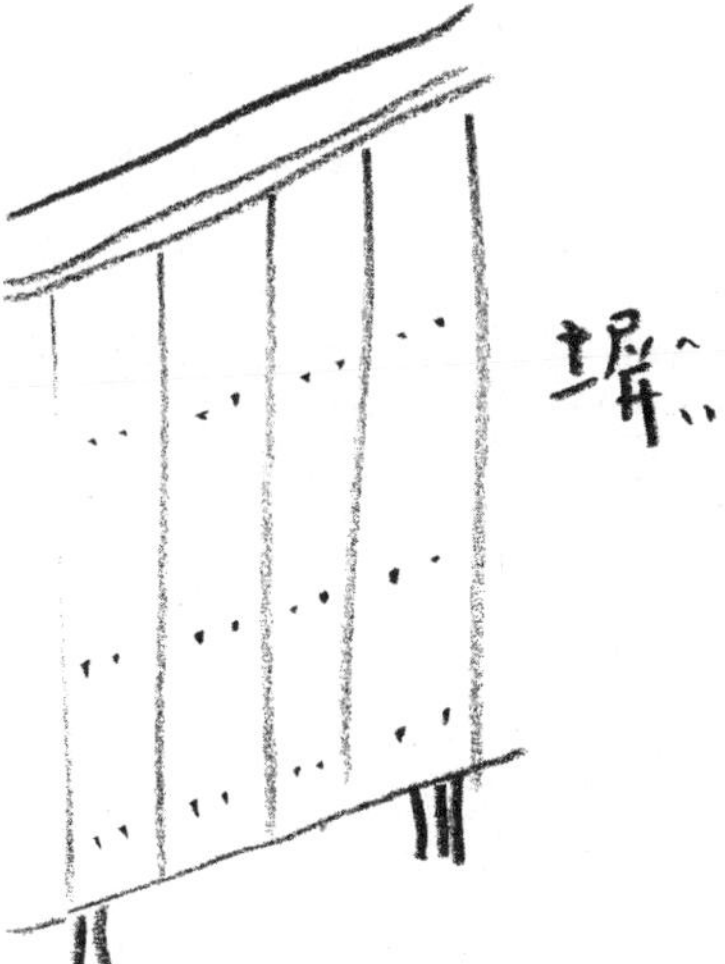

# Q1　なぜ今、落語なのか？

## ●世界の口承文学の生き残り

最初にもうひとつだけ、前置きを書かせてください。

なぜ今、落語なのか、ということについてです。

それは、今まさに、世界中で、口承《こうしょう》文学が滅びようとしているからです。

その貴重な生き残りが、日本の落語ではないかと思うのです。

口承文学とは、口から口へと語り継《つ》がれてきた物語のことです。

かつて、どこの家でも、おじいさんやおばあさんが、孫に昔話を語って聞かせるという風景が見られました。

さらに遡《さかのぼ》ると、大人だけが夜分に集まって、順番に昔話を語り合うということも、普通に行われていました（昔話は子供だけのものではありません）。

しかし今や、昔話を語れる人は、どんどん減ってきています。

## ●「語り部」がいなくなっている

私は今、沖縄本島からさらに約三〇〇キロ南西に位置する宮古島という離島に住んでいます。

ここに移り住んだ理由は、ロシアの言語学者・民俗学者のニコライ・ネフスキーが「日本の古語・古俗は列島の縁辺部に残っている」として、宮古島の昔話の採集などを行っていたためです。

実際、宮古島には、川の源流あたりのごつごつした石のような、原初の荒々しさと力強さに満ちた昔話がたくさん残っています。

しかしながら、それを語れる人は、ここでも急速に少なくなっています。

故・遠藤庄治（福島県出身・沖縄国際大学名誉教授）が、一九七二年に口承文芸研究会を設立し、その後、沖縄民話の会や遠藤ゼミや沖縄伝承話資料センターによって、沖縄本島と離島の約一万三〇〇〇人から、約七万六〇〇〇もの昔話を録音採集したそうです。

そのときに宮古島で活動に協力した方のお話では、昔話を語れるお年寄りがまだたくさんいらしたそうです。

九十歳を過ぎて、目も見えなくなり、足も弱って外出できないおばあさんが、じつに淀《よど》みなく、長い話も含めて、たくさんの昔話を語られた、というようなこともあって、とても驚いたとか。

でも、今では、もうそういうお年寄りはあまりいらっしゃらないそうです。あのときが、ちょうどぎりぎりのタイミングだったのではないかと。

ガルシア＝マルケスは『百年の孤独』を「祖母が語ってくれた昔話のように書いた」そうです。

アフリカで「誰から昔話を聞いたか」と聞くと、祖母と答える人が圧倒的に多いそうです。

そういう祖母も、だんだん世界から消えていっています。

つまり、「語り部」がいなくなっているのです。

## ●厳しい世の中でも語り部は養われていた

中島敦《なかじまあつし》の短編「狐憑《きつねつき》」に、ある日突然、物語を語り始める青年が出てきます。

スキタイのネウリ部落の青年シャクです。

村人は最初、憑《つ》き物のせいだと思います。

シャク自身も、なぜ自分がこんなに物語を語り続け、倦《う》むことがないのか不思議に思います。

だんだん、大勢の人たちがシャクの物語を聞きに集まるようになります。シャクは、他の村人たちのように釣りをしたり木を切ったりという労働をしなくなります。村人たちが、自分たちの食べ物を彼に分け与えます。物語を聞く楽しみの対価として。

「語り部」の誕生です！

シャクはそのうち、物語を語ることができなくなり、役立たずとして「食料」にされてしまうのですが、生きることが厳しく、誰もがぎりぎりの生活をしているときでも、「語り部」は養われていたのです。それほどまでに、人々にとって欠かせない存在であったということでしょう。

## ●落語家のいる国・時代に暮らしている幸福

かつては世界中に語り部がいました。

そして、口から口へと、ひとつの物語が世界中を旅しました。

アフリカの話が、はるか日本にまで伝わってきたりしています。

二〇〇六年にトルコ人で初めてノーベル文学賞を受賞したオルハン・パムクの長編

『わたしの名は紅《あか》』の中に、十六世紀末のイスタンブルの珈琲店が登場します。

日本人にとっての珈琲店は、みんなが静かにコーヒーをたしなむというイメージですが、この当時のイスタンブルの珈琲店には、小話を語る噺家《はなしか》や、叙事詩を語る講釈師や、即興詩人などが登場します。珈琲店に入ると、「語り部」がいるわけです。

そのように世界中で語り部の仕事が成立していたのです。しかし、今では世界中を探しても、「語り部」はなかなか見つかりません。先進国ではとくに。

しかし「語り部」が、現役の存在として、しかも職業として、ちゃんと残っている国があります。

それが日本であり、落語家ではないかと思うのです。

師匠から弟子に口伝《くでん》されてきた落語には、口承文学ならではの特徴が色濃く残っています。それは、文字で書かれた文学にはないものです。

夏目漱石は、落語家の三代目柳家《やなぎや》小《こ》さんについて、こう書いています。


いつでも聞けると思うから安っぽい感じがして、はなはだ気の毒だ。じつは彼と時を同じゅうして生きている我々はたいへんなしあわせである。

夏目漱石（『三四郎』青空文庫）

私たちが今、落語家のいる国・時代に暮らしていることは、じつは大変稀有《けう》で幸せなことであると、そう思うのです。

**A**　今まさに、世界中で、口承文学、語り部が滅びようとしていて、その貴重な生き残りが、日本の落語だから。

［書籍紹介］

ニコライ・ネフスキー『月と不死』岡正雄・訳　東洋文庫　平凡社

銃殺されていなければ、小泉八雲と同じくらい有名になっていたであろうネフスキーの代表作。宮古島の話も出てきます。

『遠藤庄治著作集　第1巻　沖縄の民話研究』フォレスト
遠藤庄治の編纂した昔話の本は非売品が多いのですが、こういう著作集が出ています。

ガルシア＝マルケス『百年の孤独』鼓直・訳　新潮社
昔話の語り口によって書かれた現代文学。世界中が驚いた圧倒的な名作です。

『中島敦全集1』ちくま文庫
中島敦の短編『狐憑』はこの文庫に収録されています。青空文庫でも読めます。

オルハン・パムク『わたしの名は紅』和久井路子・訳　藤原書店

訳者の和久井路子さんは、まだオルハン・パムクがノーベル文学賞を取る前で、日本で知られていないときに、苦労してこの本を出されました。

夏目漱石『三四郎』新潮文庫

小さんについて語っているのは作中人物ですが、漱石自身の意見でもあります。青空文庫でも読めます。

# Q2　面白くない落ちがあるのはなぜ？

## ●「落語は落ちが命」

「落語は落《お》ちが命」と言われます。

ですから、まずは「落ち」の話から始めさせていただきたいと思います。

落語は、最後にお客さんをどっと笑わせて、そこで終わりになります。その最後の笑いをとる部分が「落ち」です。「下《さ》げ」とも呼ばれます。

「落語は落ちが命」と言われると、落語を初めて聴く人は、「落ちがいちばん面白いんだな」と思ってしまいます。当然のことでしょう。

で、そういうつもりで落語を聴くと、「あれ？」となってしまいがちです。

## ●落ちが最高に面白いこともある

もちろん、「なるほど、落ちが面白い！」と納得できる噺《はなし》も、たくさんあります（落語では「話」ではなく「噺」が一般的に用いられます）。

たとえば『三軒長屋』『千両みかん』『猫の皿』などの噺は、まさに落ちが全体の頂点です。落ちを書いてしまうと、ネタバレになってしまうほどです。

昭和の名人のひとり、古今亭志ん生《ここんていしんしょう》は、『三軒長屋』の枕《まくら》（落語の本編に入る前の導入部）で、こう語っています。

「この三軒長屋という噺の落ちは、落語の中の落語の落ちでありまして、あっというような落ちでございます」

「帰ってお考えになると、なるほどというような落ちなんでございます」

（CD『五代目古今亭志ん生　名演大全集6』ポニーキャニオン）

## ●駄洒落の落ちもある

しかし一方で、「これが命⁉」と茫然とさせられる落ちも少なくありません。

たんなる駄洒落《だじゃれ》レベルの落ちもあります。数としては、むしろこちらのほうが多いでしょう。

たとえば『三方一両損』という、大岡越前《おおおかえちぜん》の名裁きが出てくる噺は、物語としては面白いのですが、落ちは、

せん。

「多かあ（大岡）食わねえ」
「たった一膳《いちぜん》（越前）」

という駄洒落になっていて、話全体を通して落ちがいちばん面白くないかもしれません。

## ●今では意味のわからない落ちも

この『三方一両損』の落ちは、江戸で米の値段が上がって、庶民が食べるのに困ったとき、大岡越前の飢餓対策を批判して、「大岡くわれぬ　たった越前」という落首があったそうで、それにかけてあります。

しかし、そんなことは今ではわかりませんね。

そのように、今ではよくわからなくなっている落ちも少なくありません。

『野ざらし』のような有名な噺でも、そうです。

女性のものらしき骨を見つけて供養《くよう》して、これで女の幽霊が礼に来てくれると期待している八五郎のところに、生きた若い男がやってきます。

「誰だ？」
「新朝《しんちょう》って幇間《たいこ》です」

「新町の太鼓《たいこ》？ あれは馬の骨だったのか」

これが落ちです。

これを理解するには幇間《ほうかん》（宴席で客の機嫌をとり、芸で座を盛り上げる職業の男性）を「たいこ」とも呼ぶことはもちろん、「昔は浅草新町に太鼓屋があって、太鼓には馬の皮が用いられた」という知識が必要です。大変な難易度です。

## ●落ちまでやらないことも

ですから、今では『野ざらし』は、落ちまでやらずに、途中で切ってしまうのが普通です。

そういう噺は、他にもたくさんあります。

たとえば、これも有名な『長屋の花見』という落語も、本来の落ちまで演じられることはむしろまれで、貧乏な花見をしている描写の最中に、たくさんのくすぐり（落語の途中で笑わせる箇所）があるので、それのどこかでどかんと笑わせて、「長屋の花見でございます」などと言って、お辞儀をして終わりにしてしまうことが多いです。

名作とされる『らくだ』という噺も、じつは落ちまで演じられることはあまりなく、乱暴者の熊五郎と、弱気なくず屋が、お酒を飲んで酔っ払うことで、だんだん立場が逆転して、くず屋のほうが熊五郎の兄貴分になっていく、というところで終えるのが一般的です。

落ちまで語らずに途中でやめる理由としては、「落ちが面白くない」「落ちが今ではわからない」「噺が長すぎる」など、さまざまあります。

いずれにしても、「落ちまでやると、かえって尻すぼみになってしまう」ということです。演者としては、いちばん盛り上がるところで終えたいのです。

つまり、落ちがいちばんの盛り上がりではない場合が多いわけです。

## ●それで、なぜ命なの？

こうなると、「落ちが命」と思って聴いていた人は、混乱してしまいます。

命なのに、面白くないことがあるの？

今では理解できないものがあるの？

『長屋の花見』や『らくだ』のような代表的な名作でさえ、落ちまで演じないのが一般的なの？

じゃあ、なんで命なの？

命がこんな扱いでいいの？

## ●「話をどこでも終わらせることができる」ことこそが命！

私は、「落ち」のいちばん肝心な働きは、「物語をどこでも終わらせることができる」というところにあると思います。

こんな終わり方をする物語は他にありません。

話を終わらせるというのは、難しいものです。よく「風呂敷《ふろしき》を広げすぎた」という言い方をしますが、せっかく発端が面白くて、それをどんどんふくらませて展開できたとしても、ふくらませすぎると、どう終わらせるかが難しくなります。収拾《しゅうしゅう》がつかなくなって、強引で唐突な結末になったり、伏線《ふくせん》を回収しきれなかったり。

昔、音楽の世界で、歌謡曲やロックやポップスは、曲の終わり方がみんな同じような感じになってしまうという悩みがあったそうです。なんとか別の終わり方はないものかと思案して、偶然に、サビを何度もくり返している最中にボリュームを下げていくという終わり方が発明されたそうです。これは画期的だというので、一時はこの終わり方の曲ばかりになったとか。今はさすがにあまり耳にしませんが。

落語の「落ち」のほうは、これよりもさらに画期的で素晴らしい発明であり、いまだにすたれていません。

たんに終わり方の工夫というだけでなく、こういう終わり方ができるために、物語自体も他の物語とは異なる発達を遂《と》げました。
そのことについて、これからさらに詳《くわ》しくお話ししてみたいと思います。

**A** 「落ち」で本当に大切なのは、それ自体の面白さではなく、噺をそこで終わりにできるという役割であるから。

［CD紹介］

「三軒長屋」
『五代目古今亭志ん生　名演大全集6　三軒長屋（上）／三軒長屋（下）／もう半分』ポニーキャニオン
文中で引用したのは下のほうの枕です。

「千両みかん」
『十代目金原亭馬生　ベスト　オブ　ベスト　千両みかん／子別れ（通し）』日本コロムビア
「考え落ち」（聞いてもすぐにはわからず、後でよく考えてようやくわかるような落ち）の名作のひとつです。

「猫の皿」
『五代目古今亭志ん生　名演大全集48　猫の皿／藁人形／権兵衛狸』
騙すほうが騙されるという、コン・ゲーム的な面白さです。

「三方一両損」
『ビクター落語　八代目三笑亭可楽（4）妾馬／味噌蔵／甲府い／三方目出度い（三方一両損）』日本伝統文化振興財団
「可楽でなければ」という人も多い、江戸前の渋い芸です。

「野ざらし」
『ビクター落語　三代目春風亭柳好　野ざらし／鰻の幇間／羽織の遊び／宮戸川』日本伝統文化振興財団
リズミカルな唄い調子と明るい雰囲気で「野ざらしの柳好」と呼ばれるほどの十八番。途中で終わりにしています。

「長屋の花見」
『ＮＨＫ落語名人選一〇〇　54　五代目柳家小さん　長屋の花見』ユニバーサル　ミュージック
落語家として初めて人間国宝に認定された五代目柳家小さんが、得意とした演目です。

「らくだ」
『〈COLEZO!TWIN〉落語　六代目笑福亭松鶴　セレクト二』日本伝統文化振興財団
さまざまな名人の名演がありますが、極め付けは上方の六代目笑福亭松鶴。

## Q3 まだ話の途中なのに終わるのはなぜ？

### ●起承転結の「結」と「落ち」はちがう

落語は、もとは「落とし噺《ばなし》」と呼ばれていたくらいで、「落ち」があることが最大の特徴です。

落語だけでなく、四コマ漫画にもオチはありますし、日常会話でも「その話のオチは？」などと言いますし、たいていの物語にはオチ、つまり結末があります。起承転結の「結」です。

しかし、落語の「落ち」は、こうしたオチとは、じつは異なります。

（区別のため、ここでは「結」を「オチ」、落語のほうは「落ち」と書き分けました。実際には、どちらも落ちともオチとも表記されます）

### ●『故郷へ錦』の落ち

どうちがうのか、具体例で見ていただいたほうが早いでしょう。

『故郷《こきょう》へ錦《にしき》』という噺があります。

母一人子一人の家庭で、十五歳の息子が病気で寝込んでしまいます。お医者さんに診てもらうと、「これは何か思い詰めていることがある。それをかなえてあげなければ治らない」とのこと。

そこで母親は、何を思い詰めているのか息子に聞くのですが、息子はどうしても話そうとしません。

困った母親は、自分の兄に頼みます。女親には言いにくいことでも、男どうしの伯父にになら、話してくれるかもと。

でも息子は、伯父にも、「言ってかなえられる望みなら、お話ししますが、こればっかりは、口に出して言うのも恐ろしいことで。私はもうこのまま死にます」と、しゃべろうとしません。

それを伯父はなんとか説得し、ついに聞き出します。「じつは恋煩《こいわずら》いです」伯父はひと安心し、「何も恥ずかしがることはない」となだめ、「相手は稽古友達のお時ちゃんか？　芸子か？」

「この町内の後家《ごけ》さんです」と息子。

この若さで後家に目をつけるとはと伯父は驚きますが、「薬屋の後家さんは、たしかに色気がある。わしも前から惚《ほ》れてる」と理解を示します。

ところが息子は、その人じゃないと言います。紙屋の後家さんでもない。糊屋《のりや》の後家さんは七十二歳。

「もうあとは、この町内で後家さんは、おまえの母親しかいないぞ」と伯父。

「……じつは、そうなんです」と息子。

これには伯父もびっくり。なるほど、口にも出せないと言うはず。伝え聞いて、母親も驚きます。養子などではなく、自分が産んだ子供。そんな思いはとても受け入れられない。でも、息子に死なれてしまっては……。

けっきょく、一度だけという約束で、息子の思いを遂《と》げさせてあげることに。伯父は、それを息子に告げると、汗をびっしょりかいて、逃げるようにして帰ってしまいます。

息子は、すっかり元気になって、外に飛び出し、銭湯に行って、床屋にも行って、家に戻ってくると、恥ずかしくて二階に上がります。

一階で母親は身支度を整え、薄化粧をして、思いがけないことに戸惑いながら、息子を待ちます。

ところが、息子はいつまでたっても二階から降りてきません。

「どうしたの？　降りてきなさい」と母親は二階の息子に声をかけます。

すると息子は、金襴《きんらん》の裃《かみしも》（豪華な錦の織物の正装）を着て、芝居がかって降りてきます。

母親はびっくりして、「どうして、そんなかっこうをしているの？」

「お母さん、故郷へは錦を飾れと言います」

これが落ちです。

## ●落ちを言ったら終わり

落ち自体は、すごくくだらないです。くだらないところが、よさでもありますが。

母親と関係することと、故郷へ帰るということがかけてあるわけです。そして、「故郷へ錦を飾れ」という言葉から、錦の裃を着るという、なんとも非現実的な展開です。

しかし、この落ちの衝撃は、落ち自体のデキ、面白さとは、また別のところにあります。

「ここで終わるのか！」という衝撃です。これがいちばん大きいでしょう。

落語は落ちを言ったら、終わりです。

息子と母親がこれからどうなるのかと、はらはらどきどきしていたら、突然、ここで終わり。

「むかし、落語をはじめて聞くというような人たちの前でおしゃべりをして『落ち』をつけても、『それから』……というような顔をしてあとを待っている感じなので、困ったことがちょいちょいありました。（中略）それから……どうにもなりませんからね」

桂米朝（『落語と私』文春文庫）

しかし、こういう噺の場合、「それから」というような顔をしてあとを待ってしまうのも、無理はないでしょう。

起承転結で言えば、起承転まできて、そこで突然、終わりです。肝心の「結」がありません。オチがありません。

通常の物語ではこれは許されません。

## ●「落ち」の力

でも、落語はこれがありなのです。

そして、これこそが、オチではない、「落ち」の力なのです。

起承転結の、転でも、承でも、起であってさえ、落ちさえ言えば、そこで終わりにできます。

「話の途中で終わってしまうなんて、それでは面白くないのでは？」と、むしろ欠点に思えるかもしれません。

実際、落語を聴いていて、「ここで終わりというのは、納得がいかない！」と思ったことがある人も多いかもしれません。『故郷に錦』だけでなく、落語というのは基本的に、話の途中で終わっていますから。

でも、これは決して欠点ではないのです。

どこでも終えられる「落ち」のルールがあるおかげで、落語は起承転結という物語の構成にさえ、とらわれる必要がなくなったのです！

ここが落語のすごいところで、次でさらに詳しくご紹介したいと思います。

**A**　通常の物語ではそれは許されないが（「結」が必要だが）、落語は「落ち」を言えば、どこでもやめられる。それが「落ち」の力。

［CD紹介］

「故郷へ錦」
『桂米朝　艶笑上方落語　いろはにほへと』EMI MUSIC JAPAN
このCDに収録されています。他には六代目笑福亭松鶴も演じていました。

［書籍紹介］

『上方落語　桂米朝コレクション〈3〉愛憎模様』ちくま文庫
「故郷へ錦」は活字では、この本に入っています。別バージョンの落ちのことも書いてあります。いろんな終わり方ができるのも落語のすごいところです。

桂米朝『落語と私』文春文庫
中学生向きにわかりやすく書かれ、大人が読んでも深い。そういう理想を実現している大名著！　本書はもちろん、本を書くとき、私はいつもお手本にしています。

## Q4　途中から出てこない登場人物がいるのはなぜ？

### ●「起承転結」からは逃れがたい

面白い物語を作るにはどうしたらいいのか？

そういう長年の研究と工夫の中から生まれてきたのが、

「起承転結」

「序破急」

「三幕構成（設定・対立・解決）」

などの物語構成です。

名前はちがっても、内容はだいたい同じで、物語の構成で重要なのは、

・魅力的な出だし
・意外な展開
・見事な結末

というようなことです。

必ずこういう構成にしなければならないわけではありませんが、これにそったほうが面白くなりますし、外れると面白くなくなりがちです。

つまり、物語というのは、ほとんどこの構成から逃れがたいのです。

## ●「起承転結」から逃れ自由に！

ところが、この構成から、やすやすと逃れ、まったく別の自由な形式を持ち、なおかつ面白い物語があります。

それが「落語」です！

また具体例でご紹介しましょう。

『天神山《てんじんやま》』という噺《はなし》です。

最初は二人の男が道端でお花見の話をしています。

そこに「変《へん》ちきの源助《げんすけ》」という、変わり者で有名な男が通りかかります。

「お花見ですか?」

と二人が声をかけると、源助は、

「墓見だ。墓を見ながら、一杯《いっぱい》呑《の》むんだ」

二人の男はあきれてしまいます。

源助は本当に墓場に行って、ぜんぜん知らない女性のお墓の前でお酒を呑み、お墓にもお酒をかけてあげます。

すると、その晩から、その女性の幽霊が源助の家にやってきて、なにやかやと世話を焼いてくれ、そのまま女房になります。

それを知った、隣の家の安兵衛《やすべえ》という男が、自分も幽霊の女房が欲しいというので、お酒を持って出かけたところが、山で狐をつかまえている男に出会い、つかまった牝《め》狐《ぎつね》をかわいそうに思い、放してやるように交渉します。

狐はそれを恩にきて、娘の姿に化けて、安兵衛の後を追ってきて、これも女房になります。

驚いたのは、同じ町内の人たちです。源助の女房は幽霊、安兵衛の女房はどうやら狐らしい。何かしゃべるたびに、最後に「コン」と言う。

ひとつ正体をあばいてやれというので、安兵衛の留守に、そろって家におしかけ、女房にさぐりを入れます。正体を見破られたと気づいた女房は、ぐるぐるっと回って、引き窓からどこかに飛んでいってしまいます。

町内の人たちはあわてて、隣町の安兵衛のおじさんのところに行きます。そして「安兵衛はここに来てませんか？」と聞くと、おじさんは「安兵衛はコン」。

これが落ちです。

## ●主人公が次々と入れ替わる

また、落ち自体はくだらないですね。「来ない」という意味の「来ん」と、狐の鳴き声の「コン」がかけてあるだけです。

しかし、落ちを言うことで、そこで物語を終えることができます。

そして、今回は、それだけではありません。

お気づきでしょうか、主人公が次々と入れ替わります。最初は道端の二人の男↓次は変ちきの源助↓次は安兵衛↓次は町内の人たち。

それ自体は、他に例がないわけではありません。古くは『水滸伝《すいこでん》』では、登場人物Aの話がしばらく続いて、AがBという人物と出会うと、今度はBの話になり、BがCと出会うと、今度はCの話というふうに展開します。

ロバート・アルトマン監督の『ナッシュビル』という映画でも、登場人物Aをカメラがずっと追っていたかと思うと、AがBとすれちがったとき、カメラがBのほうについていって、今度はBの話になったりします。『ナッシュビル』は、その後の群像劇に大きな影響を与えています。

しかし、『水滸伝』の場合には、最後にそれらのすべての登場人物たちが、梁山泊《りようざんぱく》に集結して戦います。

『ナッシュビル』の場合にも、すべての登場人物が最後に、カントリーソングの大きな野外イベントのコンサート会場に集結します。

つまり、最後に全員がからみあうからこそ、成り立っているのです。

## ●普通の物語なら破綻、落語では長所

ところが『天神山』の場合は、最初の二人の男はまだしも、変ちきの源助のような重要な人物でさえ、途中からまったく出てこなくなり、最後までそのままです。安兵

衛も、ラストには出てきません。

　落語を聴いて、こういう主人公の変更とか、最初に出てきたっきり出てこない登場人物がいることに、戸惑ったことのある人も多いかもしれません。

　これは普通の物語の構成から言えば、びっくりです。

　たとえば、チャールズ・ディケンズというイギリスの作家がいます。代表作は『オリバー・ツイスト』『クリスマス・キャロル』『デイヴィッド・コパフィールド』『二都物語』『大いなる遺産』などです。

　ディケンズの小説には、たくさんの登場人物が出てきます。しかし、まったく関係ないように思われた人物でも、じつは深い関係があることが後でわかったり、なんでもないことが伏線《ふくせん》だったり、バラバラに思えたことが、巧妙な歯車のようにすべて噛み合っていきます。すべての登場人物に納得がいき、すべての伏線が回収されるところに、物語の快感があります。

　もしディケンズの小説で、変ちきの源助のように、途中から出てこなくなって、それっきりの登場人物がいたら、それは破綻《はたん》で、全体が台なしです。

　しかし、落語の場合には、これは決して破綻ではありません。それどころか、大変な長所です。

それはどういうことなのか、さらにカフカや谷崎の話などもしながら、次でご紹介していきたいと思います。

**A** 通常の物語ではありえないこと、破綻となることが、「落ち」のある落語ではいくらでも自由にできる。主人公が変化したり、出てこなくなる登場人物がいるのも、そのひとつ。

［CD紹介］

「天神山」
『桂文枝3「天神山」「愛宕山」ライブ』ソニーミュージックエンタテインメント
「天神山」は、五代目桂文枝が絶品でした。他の人には出せない味わいがあります。

『五代目古今亭志ん生　名演大全集19　お直し／安兵衛狐』ポニーキャニオン

「天神山」は、古今亭志ん生も「安兵衛狐」という題で演じています。また別の味わいで面白いです。

［DVD紹介］

ロバート・アルトマン監督『ナッシュビル』パラマウント ホーム エンタテインメント ジャパン

『三人の女』とこの映画は、アルトマン監督の最高傑作です。

［書籍紹介］

吉川英治『新・水滸伝』吉川英治歴史時代文庫　講談社

『水滸伝』『三国志』は吉川英治が面白いです。横山光輝がこれを原作に漫画化しています。

チャールズ・ディケンズ『荒涼館』青木雄造他訳　ちくま文庫
たくさんある小説の中からこれをご紹介しておきます。筒井康隆は、大江健三郎からすすめられて筑摩書房版を読んでみて、「ディケンズ最高の傑作」と思ったとエッセイで書いています（『読書の極意と掟』講談社文庫）。

## Q5　「毎度ばかばかしいお笑いを一席」と言うのはなぜ？

### ●結末がないと物語は終われない

フランツ・カフカの長編小説『城』について、ツイッターでこんな感想がありました。

「頑張って最後まで読んだのに、結末がなかった！　読んでソンした！」

なるほど、そういう感想もありうるのかと、はっとさせられました。「結末」というものに対する、人のこだわりをあらためて感じさせられたからです。

カフカの三つの長編小説はすべて未完成で、二つの長編でカフカは「結末」を書くことができませんでした。

それは欠点ではありません。結末が書けない小説を、カフカは書くことができた、と言ってもいいくらいです。

しかし、カフカ自身も、それを挫折《ざせつ》と感じていました。

物語というものは「結末」がないと終われないからです。

## ●起も、承も、転も、「結」によって制限されている

逆に言うと、「結末がなければならない」ということが、物語を縛っています。

どんなに魅力的な出だしを思いついても、いい結末を思いつけなければ、それは使えません。

また、話をどんどんふくらますことができるとしても、広げた風呂敷を最後にちゃんとたためそうもなければ、「そこまで広げるのはやめておくしかない」ということになってしまいます。

つまり、起承転結の「結」のために、起も、承も、転も、じつはかなり制限されてしまっているのです。

## ●結末に縛られないことで、今までにない面白い物語が

それは仕方のないことでもあるでしょう。魅力的な出だしで盛り上がる展開の映画を夢中になって観ていて、「この謎がどう解決されるんだろう?」とわくわくしていたら、「すべて宇宙人の仕業」という結末で、心底がっかりした経験が私にもあります。

物語というのは、最後がつまらないと、それまでがいかに面白くても、すべて帳消しになって、「これまでの時間を返せ」と文句を言われかねません。

しかし、いっさいの制約なしに、結末のことなんか考えずに、とにかく面白い出だしにすることができて、後でたたむことなんて考えずに、話をどこまでもふくらませるだけふくらますことができたら、それもまた面白いのではないでしょうか?

結末に縛られないことで、今までにない面白い物語が誕生するのではないでしょうか?

まさにそれが、「落語」です。

## ●『こぶ弁慶』

前にも書きましたように、落語には「落ち」があるので、通常の「結」を必ずしも必要としません。

そのために、手かせ足かせを外された想像力が、どこまでも自由自在に羽ばたくことが可能なのです。

通常の物語では破綻《はたん》となることが、落語では破綻となることなく、面白さを増すことになるのです。

たとえば、『こぶ弁慶』という噺があります。

旅の二人連れが、宿屋に泊まり、そこで他の泊まり客たちといっしょに大宴会をします。

いちばん好きなもの、いちばん嫌いなものという話題になって、それぞれに「酒が好き」とか「蜘蛛が嫌い」とか言っていると、中に一人、「土が好き」という男が出てきます。

なんと、土を食べるのが好きだというのです。

「じつはこの宿屋の壁土《かべつち》もうまそうで」

みんなびっくりして、食べるところをぜひ見せてくれと頼みます。男は、みんなの見ている前で、調子にのって、たっぷり食べます。

ここからは、その土を食べた男の話になります。

食べ過ぎたのがいけなかったのか、翌日から熱が出ます。

さらに、家に戻った後で、右の肩にぽつんとできものができます。かゆいのでかきむしると、さらに大きいのができる。だんだん大きくなって、ついに人の頭と同じくらいに。そこに目や鼻や口までができて、しゃべり始めます。

「わしは武蔵坊弁慶じゃ」

宿屋の壁土の中には、浮世又平《うきよまたへい》という絵師が、一心《いっしん》をこめて描《えが》いた、武蔵坊弁慶の絵姿が塗り込めてあったのです。名人の描いた絵には魂がこもっているということなのでしょう。

なにしろ弁慶なので強い。

「日に飯は二升《にしょう》、酒は三升飲む。ちょいちょい女郎買《じょろか》いにも連れて行け」

さらには、このこぶの武蔵坊弁慶が、男の身体を支配して、大名行列の中に飛び込んで、大暴れをしてしまいます。

で、どうなるかというと、そこで落ちを言って、終わりです（どういう落ちかは、また次でご紹介します）。

## ●結末のつけようのない展開が可能に

いわゆる人面瘡《じんめんそう》のお話です。

人面瘡のお話自体は、大昔からたくさんあります。谷崎潤一郎《たにざきじゅんいちろう》も『人面瘡』という短編を書いています。しかし、いずれも、人を殺したら、その人の顔の人面瘡ができるというような、陰惨《いんさん》な物語です。

一方、落語のほうは、人面瘡ができる原因は壁土を食べたことですし、武蔵坊弁慶ですし、大名行列に暴れ込むし、まさに奇想天外です。

こんな展開をさせたら、結末のつけようがありません。

でも、落語ですから、落ちを言えば終われます。

逆に言うと、落ちを言えば終われるからこそ、結末のことをまったく考えずに、このような荒唐無稽な話にふくらませることができるのです。

「毎度ばかばかしいお笑いを一席」という噺家さんの決まり文句。そう最初に言っておかないと、通常の物語に慣れた人は、鎖《くさり》から解き放たれた想像力の躍動《やくどう》に、とてもついてこれないこともあるからではないでしょうか。

**A**

落語は「落ち」があるおかげで、ものすごく自由に話をふくらませることができる。それは他の物語にはない自由さなので、「毎度ばかばかしいお笑い」と最初に言っておかないと、通常の物語に慣れた人は、ついてこれないかもしれないから。

［CD紹介］

「こぶ弁慶」
『桂米朝　昭和の名演　百噺　其の四十　こぶ弁慶／子ほめ』ユニバーサル　ミュージック
他に、五代目桂文枝もとてもいいです。日本伝統文化振興財団からCDが出ています。

［書籍紹介］

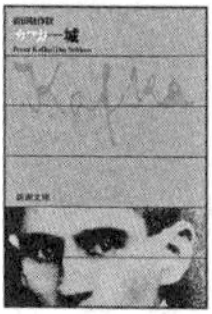

フランツ・カフカ『城』前田敬作・訳　新潮文庫
カフカの最後の最大の長編。城に呼ばれるが城にたどり着けない話。亡くなったせいで未完なのではありません。

谷崎潤一郎『潤一郎ラビリンス11　銀幕の彼方』中公文庫
「人面疽」が収録されています。谷崎潤一郎も、夏目漱石や志賀直哉と並んで、落語好きな文豪のひとりです。

## Q6 面白くない落ちでみんなが笑うのはなぜ？

### ●こんなわかりにくい駄洒落で笑えるの？

前回ご紹介した『こぶ弁慶』の落ちは「夜のこぶは見逃しがならん」です。

関西では昆布《こんぶ》を「こぶ」と呼びます。

夜の昆布《こぶ》は「よるこぶ」≒「喜ぶ」で縁起がいいというので、昔は「夜の昆布は見逃すな」と言って、夜に昆布を見たら、つまんで食べたそうです。

それと、夜分《やぶん》に大名行列に暴れ込んだ弁慶の人面瘡のこぶを見逃すことができないというのが、かけてあります。

説明を聞かないとわかりませんね。説明を聞いても、そんなに面白くはありません。

ところが、『こぶ弁慶』を寄席で聴いたとしたら、他のお客さんの多くは、この落ちでどっと笑うでしょう。

そうすると、初めて落語を聴いた人は、びっくりしてしまいます。「こんな駄洒落で笑うとは、この人たちは笑いのレベルが低いのでは？」とさえ思いかねません。

もちろん、それは誤解です。

では、なぜ笑うのか？

## ●落とすためには、高めなければならない

これまで「落語は落ちさえ言えば、どこでも終わりにできる」と言ってきました。原則的にはそうなのですが、厳密に言うと、これは少しちがいます。

落とすためには、その前にお客さんの気持ちを高める必要があるのです。

「落とすばなしと言いまして、高いところへものを上げときまして、それが落ちるというのが落語でございます」と、古今亭志ん生が枕（落語の本編に入る前の導入部）でよく語っていました。冗談めかした言い方ですが、まさにこれが「落ち」の肝です。

落語は、物語の世界に遊ばせ、笑わせたりハラハラさせたりしていたお客を、サゲによって一瞬に現実にひきもどす。（中略）これが『おとす』ことなのです。

桂米朝（『落語と私』文春文庫）

こぶ弁慶が大名行列に暴れ込んで、いったいどうなるだろうとハラハラしていた聴

き手は、そこでいきなり、ポンと落ちを言われて、盛り上がりの頂点から、一気に落とされます。

それで、わっと笑うのです。

落ち自体が面白くて笑う場合も、もちろんありますが、落ち自体は面白くなくても、意味さえわからなくても、落ちること自体に笑っているわけです。

サゲとは、解らない人はしかたがないとして、また、できのよしあしはともかく、その落語が終わったと納得できるもの——なのです。

桂米朝（同前）

桂枝雀《かつらしじゃく》はこれを「サゲとは緊張の緩和である」と説明しています。

以前にご紹介した『故郷へ錦』も、最後に突然、息子が金襴《きんらん》の裃《かみしも》を着て降りてくるというのは無茶苦茶ですが、母と息子がどうなるのかと緊張の極《きわ》みに達したところに、この落ちがくるから、一気に心がゆるみ、笑いが起こるわけです。

## ●落ちは「落ちればいい」

というわけで、落ちを言うためには、その前に、物語を盛り上げ、お客さんを引き込み、緊張を高める必要があるのです。

そうすれば、落ちが生きて、笑いが起きて、落語をしめくくれます。

物語を盛り上げるのは大変ですが、前にも書いたように、どれだけ盛り上げても、結末を心配する必要はないのです。風呂敷を広げられるだけ広げて、ふくらませるだけふくらませればいいのです。むしろ、それが必要なのです。

こうして、落語はどんどん面白くなり、落ちの前の盛り上がりが充分でさえあれば、落ちは「高いところから落ちればいい」のであって、駄洒落でもいいわけです。

意味がわからなくてさえ成り立つわけです。

さらには、落ちを言わなくても、盛り上がりのところで噺を終えてしまっても、不自然ではないわけです。

落語とはそういうものだからです。

起承転結の物語の場合、あまり途中で盛り上げすぎると、結末をつけるのが難しくなります。だから、尻すぼみにならないよう、あえて途中を盛り上げすぎないようにすることもあります。

落語の場合には、それとはまったく逆なのです。

## ●落語にしかない文学性

落語にも、もちろん「起承転結」のしっかりした物語もあります。

たとえば『芝浜《しばはま》』という噺は、短編小説としても充分に成り立つでしょうし、実際、お芝居にもなっています。

『芝浜』は落ちも見事ですが、もし仮に落ちがなかったとしても、結末がしっかりしているので、まったく問題ありません。

そして、こういう噺は、落語を初めて聴く人にも受け入れられやすいです。通常の物語と食感が同じだからです。

でも、だからといって、こういう噺のほうがデキがよくて、文学性が高く、一方、でたらめとも感じられる展開の噺は、デキが悪く、文学性が低いのかというと、それはちがいます。

そういう噺には、また別の文学性があるのです。そして、それこそが落語にしかない文学性であり、むしろ他の文学が参考にすべき、手つかずの宝と言えます。

「落ち」の話を始めたとき、「落語は落ちが命」という言葉をご紹介しました。

落ちがあるから落語は、起承転結から解放され、伏線の回収や結末をつけることを気にせずに、盛り上げるだけ盛り上げて、そこで終えることができるのです。

落ちの素晴らしさは、まさにその機能にあります。
落ち自体が面白いかどうかではなく、その機能によって、「落ちは命」なのです！

**A**　**落ち自体は面白くない場合でも、盛り上がりの頂点から、一気に落とされることで、わっと笑う。**

［ＣＤ紹介］

「芝浜」
『ＣＤブック　三代目桂三木助　落語全集　全一巻』小学館
この噺をぐっと面白くしたのは、なんといっても桂三木助。途中の「おッ嬶ァ……死のうか？」のひと言は見事です。なお、三木助の現存する音源はこれで全部とのことです。

# Q7 小咄《こばなし》と落語はどこがちがうの？

## ●「落ち」はどうやって誕生したのか？

これまで落語の「落ち」の効能について語ってきましたが、そもそも「落ち」はどうやって誕生したのでしょうか？

古今亭志ん生が枕《まくら》でよくこう言っていました。

「落語というものは、最初《はな》はとても短っかいのが、長くなってきて、一席にまとまったそうでございます」

桂米朝《かつらべいちょう》も、こう書いています。

落語のもとは、やはり小咄《こばなし》であり（中略）現行の落語の大部分はそのもとを小咄に発見することができる

（『米朝落語全集　増補改訂版』第八巻　創元社）

もちろん、すべてが小咄（「小話」「小噺」と表記される場合も）からではなく、落語のルーツはさまざまありますが、少なくとも形式については、小咄から発達したことによって、現在の形になったと思われます。

小咄というのは、たとえば、

「隣の空き地に囲《かこ》いができたってね」

「へー」（塀《へい》とかけてある）

というような短い笑話のことです。

## ●小咄は落ちが肝心

もう少し長い小咄もご紹介しましょう。

『油屋猫《あぶらやねこ》』

油屋の屋根に毎晩、化《ば》け猫が出るという噂《うわさ》。主人が見ると、なるほど、大きな猫がいる。

「こら、おのれのためにお化け油屋と呼ばれてるわ。これなと食らえ」

石を投げると、猫がひょいと体《たい》をかわして「あぶらやのう」。

（『米朝落語全集 増補改訂版』第八巻 創元社）

化け猫が登場する魅力的な出だしですが、それも「あぶらやのう」という落ちを盛り上げるため。

まず先に落ちがあり、そこから他の部分が作られています。それが小咄です。肝心なのは落ちです。

## ●量が変化すると質も変化する

そういう小咄がさまざまに肉付けされて、だんだん長くなっていき、落語になっていったわけです。

落しばなしはもともとサゲを主とした小噺であったものが、次第に内容がふくらんで、そのサゲにいたるまでの過程を楽しむ長い物語になってゆきました。

桂米朝（『落語と私』文春文庫）

それはたんに小咄が大咄になっただけではありません。

ふくらんでいく過程で、ふくらんだ部分のほうが面白くなって、本来の小咄の部分がむしろ重要でなくなったり、消えてしまうこともありました。社長が中心になって会社を大きくしたら、大きくなった会社に社長は不適任と追い出されてしまうことがあるように。

量が変化すると質も変化することがあります。

落語の場合も、落ちのために他の部分がある小咄から、他の部分のために落ちがある落語へと変わっていったのです。

## ●『質屋蔵』

一例として、先の『油屋猫』と出だしの似ている『質屋蔵《しちやぐら》』（上方《かみがた》での発音では「し」を「ひ」と読み、「ひちやぐら」）という噺をご紹介しましょう（『質屋庫』と表記される場合もあります）。

上方落語ですが、江戸落語でも演じられます。上方落語の桂米朝と江戸落語の六代目三遊亭圓生《さんゆうていえんしょう》のCDがおすすめです。

「質屋の三番蔵に夜な夜な化け物が出る」という近所の噂《うわさ》を耳にした質屋の旦那。番頭を呼んで相談します。

「あずかっている品物の恨《うら》みではないか」と、旦那はこんなたとえ話をします。

長屋のおかみさんが、大変な思いをして、やっと手に入れた繻子《しゅす》（サテン）の帯。お金に困ったときに質に入れてしまって、そのまま亡くなり、「思えば恨めしいあの質屋……」

と、ここでは短く書きましたが、この長屋のおかみさんの繻子の帯のくだり、実際には、二段組みの米朝落語全集で四ページ分もあります。話の中で話が始まる、『千夜一夜物語』のような枠物語的な構成です。

さて、三番蔵の化け物について、「今晩、確かめてほしい」と旦那に言われた臆病な番頭は、けんかの強い熊五郎も呼んでほしいと頼みます。

呼ばれた熊五郎は、迎えに行った定吉がいい加減なことを言ったせいで、旦那から何か叱られるものと勘違いします。それで、先にあやまったほうがいいだろうと、お店のお酒を樽《たる》ごと盗んでいることや、漬け物を樽ごと盗んでいることなどを、次々と白状してしまいます。

ここも長くて面白いです。

熊五郎と番頭が見張っていると、夜中に三番蔵の中で、名人が描いた菅原道真《すがわらのみちざね》の絵が、しゃべり出します。「質置き主の藤原かたへ、利上《りあ》げをせよと伝えよ。どうやらまた流されそうだ」

これが落ちです。

説明すると、質屋に品物をあずけて、期限内に返金できないと、「流れる」といって、品物は質屋のものになりますが、利息だけでも払うと期限を延長でき、これが「利上げ」です。

菅原道真は藤原時平《ふじわらのときひら》によって、九州の太宰府《だざいふ》に流されました（陰謀による左遷《させん》）。

それがかけてあります。

## ●もとは小咄

この落語のもとは小咄です。

安永二年（一七七三年）に江戸で出版された笑話本『近目貫《きんめぬき》』に載っている『天神』です。

宗匠《そうしょう》、吉原《よしわら》へ通ひそめ、手にかかる程の物をぶち殺す。その内に探幽《たんゆう》の天神《てんじん》、こればかりは大切と残し置きしが、今ははや質草《しちぐさ》の種尽き、是非《ぜひ》なく天神に向ひ、「私義《わたくしぎ》、ふと吉原の女狐《めぎつね》に招ぎ込まれ、家内建長寺の庭の如く相成り、お淋《さみ》しうもござりませうから、暫《しばら》く質屋の蔵へお出で下さるべし」と願ひければ、天神、御涙をはらくと洩《こぼ》し給ふ。

宗匠「これは何故《なぜ》に御落涙遊《あそば》します」

天神「又《また》流されるであらふ」

（『定本　落語三百題』武藤禎夫　岩波書店）

読みやすくするため、ふりがなをふり、原文にはない改行を入れました。

それでも読みにくいですが、ようするに、吉原に通うために、菅原道真の絵を質に入れようとすると、絵の道真が涙を流し、「また流されるであろう」と言った、ということです。

ちなみに、「宗匠」は何かの文芸・技芸の師匠のことです。「吉原」は有名な遊郭《ゆうかく》です。「ぶち殺す」は質に入れるということ。「探幽」は狩野探幽《かのうたんゆう》という有名な画家です。「天神」は菅原道真のことです。亡くなった後に、天神様として祀《まつ》られました。「私義」は、自分のことをへりくだって言う表現です。

## ●ふくらんだところのほうが面白い

このように短い小咄が、語るのに四十分くらいかかる長い落語にまで成長したのです。

落ちのところが原話で、そこから、ここまでふくらんだのです。

このサゲだけを基にしてこれだけの前半がつくられたとすると、これはやはり先人のたいした力であると思います。

（『米朝落語全集　増補改訂版』第六巻　創元社）

この噺で面白いのは、長屋のおかみさんの繻子の帯のところや、熊五郎と定吉のやりとりや、熊五郎の自白のところや、番頭と熊五郎が怖がりながら三番蔵を見張っているところなどです。つまり、後からふくらんだ部分です。

落ちは、この噺の中で、いちばん面白くないと言っていいでしょう。ほとんど噺を終えるためだけに存在しています。

その落ちが原話であるにもかかわらずです。

## ●小咄と落語にはそれぞれのよさが

幸田露伴《こうだろはん》は小咄は詩であると絶賛し、これをだらしなく長くして愚劣《ぐれつ》なおかし味を盛り込んだのは落語の堕落《だらく》であると言っている
（『米朝落語全集 増補改訂版』第八巻　創元社）

この露伴の意見は『洗心廣録《せんしんこうろく》』の「一口噺《ひとくちばなし》」と「滑稽談《こっけいだん》」に出てきます。

こういう意見があるのも当然で、小咄を中心に見れば、長い落語になったことで、その面白さはむしろ損《そこ》なわれています。

しかしそれは、たとえば小説が、詩や俳句のような切れ味は持ち得ないのと同じです。逆に、大長編の持つ魅力を、詩や俳句に求めてみても無理というものでしょう。

スプーンで耳そうじはできませんし、耳かきでスープは飲めません。小さいもののの

よさを大きいものに求めれば、大きいものは劣って見えますし、その逆もまた同じです。

小咄には小咄のよさがあり、落語はまたそれとはちがうよさを手に入れたわけです。

## ●「落ちを言えば終わり」というルールができた理由

このように、落語の「落ち」という形式は、小咄が由来《ゆらい》です。「落ちを言えば終わり」という、初めて落語を聴いた人はちょっとあっけにとられるような、落語の不思議なルールは、こうやって誕生したわけです。

誰かが急にこんなルールを考え出したとしても、とても受け入れられなかったでしょう。自然発生的だったからこそ、ありえたことです。だからこそ、貴《とうと》いです。

「落ち」で終わらなければならないというのは、制約でもあるわけですが、完全に自由であるより、少し制限があったほうがより自由になれるということはよくあります。落語の場合も、このルールによって、他の部分がとんでもない自由度を得ることができて、面白いものになりました。

だから、「落語は落ちが命」なのです。

**A** 小咄の長くなったものが落語。ただし、たんに長くなっただけでなく、質の変化が起きている。小咄は落ちが肝心。落語は「落ちを言えば終わり」というルールによって誕生した、独特の物語。

【CD紹介】

「質屋蔵」
『桂米朝 昭和の名演 百噺 其の三十七 質屋蔵／鉄砲勇助』ユニバーサル ミュージック
旦那の風格が、さすがに桂米朝です。こわがりの番頭、焼栗を買ってもらう丁稚、早とちりの熊五郎、それぞれ生き生きとしています。

『圓生百席22　鹿政談／芝居風呂／質屋庫』ソニー・ミュージックレコーズ

落語としては、江戸時代から上方にあり、圓生も上方の文團治から教わったとのこと。圓生の『質屋庫』もじつにいいです。

## 【書籍紹介】

『米朝落語全集　増補改訂版』全八巻　創元社

没後に再編集され、新たに追加・発掘された口演記録・音源・資料から内容を増補してある。決定版と言える全集。

武藤禎夫『定本　落語三百題』岩波書店

三〇〇の古典落語について、その原話を調べ、引用してあります。著者は『日本小咄集成』全三巻（筑摩書房）の編者でもあります。

幸田露伴『洗心廣録』
国立国会図書館デジタルコレクションで見ることができます。
https://dl.ndl.go.jp/info:ndljp/pid/981771

『千一夜物語』全十巻　佐藤正彰・訳　ちくま文庫
いくつかの版がありますが、マルドリュス版がだんとつです。作家のプルーストやジッドが愛読したのもマルドリュス版です。ちくま文庫の佐藤正彰訳と岩波文庫がマルドリュス版で、どちらも翻訳がまた素晴らしいです。

## Q8　なぜ落語は今でも笑えるの？

### ●落語の笑いはなぜ古くならないのか？

落語は「お笑い」に分類されることが多いでしょう。漫才などの仲間として。

実際、昔の大阪では、漫才の隆盛によって落語が絶滅しそうになったことがあるそうです。同じ土俵にのっているからこそ、一方の力が増したことで、もう一方が押し出されてしまうのでしょう。

お笑いというのは、一般的に、古びやすいものです。一年前にはみんなの爆笑を誘っていたギャグが、今はもう古いと言われたり。同じギャグを使い続けて、何十年も保《も》つということはきわめてまれです。何十年も経つと、「当時はこれの何が面白かったんだろう？」と首をかしげるようなことにも。

それなのに、なぜ落語は、今でも笑えるのでしょうか？

まあ、この本は「笑えなかった」という人のためのものでもありますが、とにかく笑っている人もいるわけです。

それはなぜなのか？

考えてみれば不思議です。

江戸時代からずっと語り続けられている古典落語もあります。何十年どころではありません、何百年です。

もちろん、その時代に合わせて噺家《はなしか》さんが工夫をこらし変化させていますが、基本は同じですし、昔からのくすぐり（ギャグ）で今でも笑ってしまいます。

よくできているからというのはもちろんですが、それだけでは他のお笑いとのちがいが説明できません。

## ●「お笑い」というだけでなく「物語」

ひとつには、落語はお笑いであるだけでなく、物語であるからでしょう。

古典文学がいつの時代にも読まれるように、物語はいくら古くなっても、すぐれたものは生き残っていきます。

この落語の持つ「物語の力」については、これまでも語らせていただきましたし、これからも語っていきたいと思っています。

ただ、落語が今でも笑えるのは、それだけではないでしょう。

もうひとつ大きいのは、落語の笑いが人間のダメさを笑っているからではないかと思うのです。

それも、いつの時代にも変わらない根本的なダメさを。

## ●「立派なこと」は時代によって変化する

人間の社会はどんどん変化しています。

しかし、歩きから車になって飛行機に乗るようになっても、乗っている人間自体は、生物としてほとんど進化していません。

チョンマゲだろうがモヒカンだろうが、その下の頭の中身は同じで、同じ欠点を抱えています。

人間が背伸びして頑張って行う「立派なこと」のほうは、時代によってどんどん変化していきます。

たとえば、昔は主君のために命を捧げる忠義が讃《たた》えられましたが、今では馬鹿らしいと思う人のほうが多いでしょう（ちなみに、『武士道残酷物語』という映画を見ると、時代ごとの「立派なこと」の馬鹿らしさを痛感します）。

昔なら恥をかいたからと切腹していた人でも、現代なら、腹を刀で切るくらいなら恥をかくほうがましと思うでしょう。

立派なことというのは、もともと無理をしているわけで、時代の価値観や美意識によって簡単に変化します。

## ●人間の「ダメさ」は変化しない

しかし、人間のダメな部分というのは、これは逆に「どう頑張ってもどうしようもないところ」なわけで、時代が変わっても変化しません。

というより、変化のしようがありません。本能的で根本的な部分だからです。

江戸時代も現代も、同じように人は、お酒で失敗し、ギャンブルにはまり、恋愛で血迷います。食べたがり、得したがり、楽したがり、遊びたがります。

たとえば、『厩火事《うまやかじ》』という古い江戸の噺があります。

髪結《かみゆ》いのお崎《さき》が、仲人《なこうど》のところに、「愛想《あいそ》も小想《こそ》も尽き果てたから、亭主と別れたい」と相談にきます。

江戸時代には女性が稼げる仕事は限られていて、髪結いはその代表的なものでした。

そのため、女性の収入で暮らしている男性のことを「髪結いの亭主」と呼んだりします。

お崎の亭主もまさにそうで、昼間からお酒を飲んで遊んでいます。

「たしかに、あいつはよくない。別れたほうがいい」と仲人もいっしょになって悪口を言い始めると、お崎はだんだん亭主をかばいだして、ついには、

「あの人と別れるくらいなら、死んだほうがましだよ！」

とまで言い出し、仲人は「おまえは何しに来たんだ」とあきれます。

ここでまずお客は笑います。

ろくでなしの亭主だとわかっていながら、別れる踏ん切りのつかないお崎に、仲人はこういう知恵を授けます。

「亭主の大切にしている骨董《こっとう》の皿を、転んで割って、割れた皿よりも、転んだおまえのほうを心配するかどうか試してみろ。皿のことばかり言うようなら別れたらいい」

そうするとお崎は、

「じゃあ、一足先に家に行って、あの人に『今からお崎が皿を割るから、お崎のほうを心配しろ』と言っておいてください」

「それじゃあ、なんにもならねえじゃねえか」と仲人はまたあきれます。

ここでもどっとお客は笑います。

ギャグとして秀逸だからではありません。お崎の言っていることが矛盾していて馬鹿馬鹿しいからというだけでもありません。その矛盾した心情が、その愚かな心情が、よくわかるから笑うのです。こういう女性は今でもたくさんいますね。男性も。

もちろん、自分はそんな愚かな恋愛はしないかもしれません。したとしても、そんなことは言わないかもしれません。

でも、自分にもまた別のダメさがあります。人間として逃れられないダメさが。だから、笑うのです。

それは決してバカにした笑いではありません。大好きな友達に「おまえはバカだなあ」と言うように、人間への愛《いと》おしさから笑うのです。

## ●「どうしようもなさ」や「しまつにおえなさ」

人間にはさまざまな「どうしようもなさ」や「しまつにおえなさ」があります。それをあつかっているからこそ、落語の笑いは古びないのではないでしょうか。

そして、そのことはたんに笑いとして古びないだけでなく、落語そのものが古びない理由でもあると思うのです。

**A**　人間の昔から変わらない「ダメさ」を、愛おしさをこめて笑っているから。

［ＤＶＤ紹介］

今井正監督『武士道残酷物語』東映ビデオ
戦国時代から現代まで、ある家の七代に渡って、それぞれの時代の「立派さ」に翻弄される姿を描いています。ベルリン国際映画祭で金熊賞を受賞。

［ＣＤ紹介］

「厩火事」
『落語研究会　十代目金原亭馬生全集』Sony Music Direct
ＤＶＤとＣＤのセットボックス。「厩火事」はＣＤのほうに入っています。なお、ＤＶＤのほうに入っている「臆病源兵衛」はとても貴重。

## Q9 滑稽噺《こっけいばなし》と人情噺はどこがちがうの?

### ●昔は人情噺のほうが格が上

落語は、大きくは「滑稽噺《こっけいばなし》」と「人情噺《にんじょうばなし》」に分けられます。映画のジャンルにたとえると、滑稽噺はコメディーで、人情話は人間ドラマという感じです。

今では落語というと、主に滑稽噺のことで、この本でここまで語ってきたのも滑稽噺のことです。

でも、昔は人情噺のほうが格が上とされていて、人情噺ができなければ一人前の真打《しんうち》(落語家の階級の最上級)とは認めてもらえなかったそうです。

人情噺は長いものが多く、十五日間連続で口演というものもあります。滑稽噺にはそこまで長いものはありません。

### ●人情噺は「落ち」がない

「人情噺」という名称は、「人情」とついているので、お涙頂戴《ちょうだい》な感じがしますが、そういうものだけではなく、たとえば怪談噺なども人情話に含まれます。滑稽噺でも人情はあつかうわけで、ちがいは、人情噺のほうは普通の小説に近いということです。

笑いは少なく、まったくない場合もあります。

「落ち」もないのが一般的です（落ちがあるものもあります）。

ですから、これまでご紹介してきた、落語ならではの破天荒さもありません。たとえば、最初に出てきた人がそれっきり出て来なくて、いっさい関係なくなるようなことはありません。

むしろ、あの人とこの人はじつは親子だったとか、この人があの人の仇《かたき》だったとか、すべての登場人物の人間関係が複雑にからみ合い、たくさんの伏線が最終的にはすべて回収される、まさにディケンズ的な構成です。

## ●三遊亭圓朝の落語が言文一致運動に大きな影響を

その人情噺を数多く創作し、見事に語ったのが、幕末から明治時代にかけて活躍した三遊亭圓朝《さんゆうていえんちょう》です。

圓朝作の『真景累ヶ淵《しんけいかさねがふち》』『怪談牡丹灯籠《かいだんぼたんどうろう》』『文七元結《ぶんしちもつとい》』などは今でも人気ですし、落語の神様として崇拝されています。

作家の二葉亭四迷《ふたばていしめい》は小説『浮雲』を書くときに、圓朝の落語の速記を参考にし、「話すように書く」という明治の言文一致運動に大きな影響を及ぼしました。

今のような小説の文体は、圓朝の人情噺から生まれたとも言えるわけです。

ですから、当時の多くの作家は圓朝を高く評価しています。

ところが――。

## ●なぜ人情噺は衰退し、滑稽噺のほうが主流となったのか?

幸田露伴《こうだろはん》は、明治期落語界に中興の祖とされる三遊亭円朝について、「円朝は人情噺では古今第一の成功をしましたが、をかしみだけは成功したといふ訳にはいかない」と激しく批判している。露伴のいう「をかしみ」は、江戸小噺にあるシャレの精神だった。

(永井啓夫「落語『あたま山』と江戸の美学」)

この露伴の意見が書いてあるのも、先にも出てきた『洗心廣録《せんしんこうろく》』の中の「滑稽談《こっけいだん》」です。

露伴はあくまで小咄の「をかしみ」を重視しています。

またじつは、夏目漱石《なつめそうせき》も、当時は尊重され本筋とされていた人情噺より、滑稽噺を好みました。

実際、人情噺はその後、衰退していきます。

小説に近いのは人情噺のほうで、文体に影響を与えたのも人情噺なのに、なぜこれらの文豪たちは、小咄や滑稽噺のほうを評価するのか？

そして、なぜ人情噺は衰退し、滑稽噺のほうが主流となったのか？

そこには興味深い理由があると思うのです。

## ●『怪談牡丹灯籠』はどういうラスト？

その理由を、『怪談牡丹灯籠』を例に考えてみたいと思います。

『怪談牡丹灯籠』は、幽霊がカランコロンと駒下駄《こまげた》の音を夜道に響かせて現れるシーンがとくに有名です。幽霊は足がないのが一般的だったのに、足音を立てるというのが斬新でした。

お露《つゆ》という若い女の幽霊で、恋仲の新三郎《しんざぶろう》のほうは、お露が幽霊とは知らず、美人との夜毎《よごと》の逢《あ》い引きを楽しみにしています。

ところが、他の人間が二人の逢瀬《おうせ》をこっそりのぞいてみると、骨と皮ばかりの痩せた幽霊が新三郎に抱きついている。

それを聞いた新三郎は、あわててお寺で御札《おふだ》をもらってきて四方八方に貼《は》るけれど、欲の深い伴蔵《ともぞう》という男が、幽霊から百両もらって（幽霊にお金をもらうというのも斬新ですが）、その御札をはがす。

翌朝になると、新三郎はぞっとする形相で死んでいて、その首に骸骨が抱きついている……というのが発端《ほったん》です。

というあたりはわりと知られていると思いますが、でもその後どうなったのか、噺《はなし》のラストを知っている人は少ないでしょう。

## ●「怪談」と「仇討《あだう》ち」

この噺は、先にもふれたように、落語の神様とも呼ばれる三遊亭圓朝が幕末に創作した人情噺です。今でも多くの噺家が高座にかけています。

しかし、有名なのは怪談のところだけ。じつはそれはこの噺の半分なのです。

あとの半分は仇討ちの物語です。

その「怪談」と「仇討ち」が交互に語られます（フォークナーの『野生の棕櫚《しゅろ》』のような構成です）。

もちろん、二つの物語は無関係なわけではなく、複雑に人間関係がからみ合っています。

そして、仇討ちを遂げるのがラストです。

## ●「仇討ち」が淘汰され、「怪談」が残った

この噺は、昭和の名人と言われた、六代目三遊亭圓生《さんゆうていえんしょう》、初代林家彦六《はやしやひころく》（八代目林家正蔵《しょうぞう》）、五代目古今亭志ん生らが得意にしていました。しかし、圓生は、通しで語っている場合でも、じつは怪談部分だけです。だからラストもありません。

怪談部分だけしか語らないのは、ひとつには長すぎるということもあります。しかし、やはり大きいのは内容です。圓生が仇討ちのところを語らなかったのは、もう時代に合わないからという理由であったようです。

（同じく圓朝作の人気演目『真景累ヶ淵』も、いちばん長く語られても「聖天山《しょうでんやま》」まででです。六代目三遊亭圓生も林家彦六もそこまでです。しかし、じつはそこまでで半

分で、残りの半分はやはり仇討ちのお話です）

もちろん、どんな落語も大昔の話で、時代はズレています。また、仇討ちを題材にした滑稽噺『花見の仇討ち』は今も人気の演目です。だから、「仇討ち」が古いからダメということではありません。

ようするに、「仇討ちは立派で素晴らしい」とする美意識、価値観が、もはや時代に合わないということでしょう。

「なぜ落語は今でも笑えるの？」のところで述べたように、素晴らしいこと、良いことというのは、時代によってどんどん変化します。幕末から明治にかけて大人気だった仇討ち話も、昭和にはもう共感を得られなくなったのです。

しかし、「死んだ人が幽霊になって出てくるのでは……」という不安や期待は、いつの時代も変わりません。

人間の愚かさも、いつの時代も変わりません。

だから、怪談のほうだけはずっと残っているわけです。

## ●人情噺は衰退し、滑稽噺のほうが主流となった理由

怪談噺には、金銭欲や色欲のために人を殺すような、ろくでもない人たちがたくさ

ん出てきます。

しかも滑稽噺とちがって笑いもないので、圓生のような名人に語り込まれると、気分が悪くなるほど恐しいです。

でも、じつはもう半分の仇討ち話のほうに、ちゃんと立派な人も出てきていたわけです。でも、立派な人のほうは、淘汰されてしまったのです。

落語が古びないのは、人間のダメさを描いているからではないかと、「なぜ落語は今でも笑えるの？」のところで書きました。人情噺は衰退し、滑稽噺のほうが主流となったのも、そういうことではないでしょうか。

人情噺の中でも、怪談噺のように人間のダークサイドを描いているものは残っているのですから。

## ●夏目漱石の人間観

夏目漱石は講演で、こう語っています。

「人間は完全なものでない、初めは無論、いつまで行っても不純である」

「善悪とも多少混った人間なる一種の代物《しろもの》で、砂もつき泥もつき汚《きた》ない中に金《きん》と云《い》うものが有るか無いかぐらいに含まれているくらいのところだろうと思う」
（夏目漱石『文芸と道徳』ゴマブックス大活字シリーズ）

こういう人間観の漱石であってみれば、美談で感動させる人情噺よりも、不純な人間ばかりの出てくる滑稽噺のほうを好んだのも、また当然かもしれません。幸田露伴にしても同じでしょう。

しかし、漱石や露伴が、人情噺よりも滑稽噺を好んだのには、さらに別の理由もあるように思います。

## ●物語の形式自体も古びることが

人情噺は、前にも書きましたように、落ちがないのが一般的で、普通の長編小説に近いです。

その世界観の基本は「因果応報」です。すべての出来事や人物に意味があります。そういう世界観は、多くの人に好まれます（無意味ということに人間は耐えられませんから）。

また、ウェルメイドな物語も、多くの人に好まれます。すべてのピースが最後にはかちっとはまることには、快感がありますから。

しかし、そういう形式自体もまた古めかしくなってしまいました。

（余談になりますが、こうした古い形式に、新しい味付けをしたのが、M・ナイト・シャマランの映画『サイン』や、伊坂幸太郎の小説ではないでしょうか）

## ●いつの時代にも同じように奇妙

それとは対照的に、滑稽噺の構造はとても自由です。

それについて、この原稿を月刊誌「望星《ぼうせい》」で連載をしているときに、いつも読んでくださっていた「冬泉」という方が、ツイッターで「気儘《きまま》に増改築を繰り返した家みたいなもの」という表現をされていました。言い得て妙で、特定の様式を持ったものとちがって、そういうものは、いつの時代にも同じように奇妙であり続けます。

そういう開かれた可能性にも漱石や露伴は惹《ひ》かれたのではないでしょうか。

**A**　人情噺は「落ち」がなく、立派な人の美談も描かれ、因果応報の世界観。立派さの時代変化と形式が古びたことで衰退。滑稽噺は、ダメな人を描いていて、形式が自由であることから、生き延びている。

［CD紹介］

「牡丹灯籠」

『林家正雀　名演集4　怪談牡丹燈籠①、刀屋／お露新三郎』ポニーキャニオン

林家彦六の弟子の林家正雀が、「牡丹灯籠」の仇討ち部分を復活させる試みを行っています。一部、CDも出ています。名演集の4、5、6です。

「真景累ヶ淵」

『桂歌丸　怪談　真景累ヶ淵　第七話　お熊の懺悔』テイチクエンタテインメント

「真景累ヶ淵」のほうは桂歌丸が、後半の一部を「お熊の懺悔」として復活させています。誰と誰がじつは兄妹というような因果が明かされます。

## 〔書籍紹介〕

『円朝全集』全十三巻＋別巻二　岩波書店

二〇一二年から一六年にかけて刊行された新全集。なお、かなりの作品を青空文庫でも読むことができます。

永井啓夫「落語『あたま山』と江戸の美学」

これはネットに掲載されていたものですが、現在は消えています。

二葉亭四迷『浮雲』新潮文庫
新鮮な言文一致の文章によって当時の人々を驚嘆させたとのこと。落語の影響が明らかに感じられます。青空文庫でも読むことができます。

フォークナー『野生の棕櫚』大久保康雄・訳　新潮文庫
二つの物語が交互に語られる二重小説です。人情噺のように、両方の物語が因果関係でからみ合うことはありません。

夏目漱石『文芸と道徳』ゴマブックス大活字シリーズ
大阪での講演の記録です。青空文庫でも読めます。

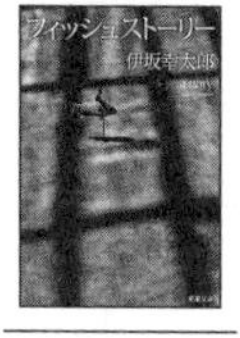


伊坂幸太郎『フィッシュストーリー』新潮文庫
すべてのことに意味があり、すべてがからみ合うというところは、古い人情噺と同じなのですが、そこに新しい味付けがしてあります。まさに古き皮袋に新しき酒をと言えます。

［ブルーレイ紹介］

M・ナイト・シャマラン監督『サイン』ブエナ・ビスタ・ホーム・エンターテイメント
ばらばらで無意味に思えていた出来事が、すべてがサイン（予兆）であり、意味があったことがわかるという、人情噺的なカタルシスが基本になっています。

# 第二章　「耳の物語」と「目の物語」

## Q10 漫才やコントと落語はどこがちがうの?

### ●自分で作ってみようとすると、見えてくるものがある

今回は、落語を作ってみましょう。

「落語を聴いてみたけど面白くなかった」という人に、「じゃあ、落語を作ってみましょう」と言うのは、とてもおかしなことですが、でも、意外とそれもありだと思うのです。

もちろん、本当に落語を完成させようというわけではありません。作るつもりになってみるだけでいいのです。

私は甘党なので、以前、自分でお菓子を作ってみようとしたことがあります。簡単なパウンドケーキです。それでわかったのですが、パウンドケーキには、意外なほど大量のバターと砂糖が入っています。小麦粉とバターと砂糖が、同じ量なのです。すべて一パウンドずつということから、パウンドケーキという名称になったのだそうです。

「こんなにバターと砂糖を使っているのか！」と食べるのが怖くなったほどです。食べているだけでは、そこまで入っているとはわかりませんでした。

それと同じで、落語を聴くだけでは気がつかなかったことに、作ろうとしてみると気づけるかもしれません。そして、聴いたときにも、より面白く感じられるようになるかもしれません。

## ●どうすれば漫才やコントではなく、落語になるのか？

それでは、早速、落語の創作を。

まず誰でも最初に思うのは、「笑えるものにしなければならない」ということでしょう。

あと、落語を少しは聴いたことのある人なら、「会話を中心にしなければ」ということでしょう。

それで、そういうものを書いてみると、うまく書けたとしても、漫才の台本になってしまいがちです。会話で成り立っていて、笑えるのですから。

「これはいけない、もっと物語にしないと」と思って、ストーリー仕立てにすると、今度はコントになります。

ここではたと首をひねることに。

そもそも、漫才やコントと、落語はどこがちがうのか？　どうすれば漫才やコントではなく、落語になるのか？

桂米朝《かつらべいちょう》によると、落語はそもそも、そんなに笑わせるものではなかったとのことです。

上方落語の黄金時代、落語は一席の内に三ヵ処ほど、ワッと笑わせたらよいとされた。

（『桂米朝集成』第四巻　岩波書店）

華やかさを好む上方《かみがた》でこれですから、渋好みの江戸落語においては、なおさらそうであったでしょう。

もちろん、今はもっと笑いの分量は多くなっています。しかし、ともかくも、笑いをそこまで減らしても、落語は落語なわけです。砂糖の入っていないお菓子はないとしても、砂糖控え目でおいしいお菓子はいくらでもあるように。

## ●小説とはどこがちがうのか？

昭和五十一年にＮＨＫの大阪放送局で制作・放送された、香川登志緒作『振り分け煩悩《ぼんのう》～五代目笑福亭松鶴伝』というラジオドラマで、桂米朝が、師匠の四代目桂米團《かつらよねだ》治《んじ》を演じています。

そして、米團治の言葉として、こう語っています。

「なんぼ落語やさかい言うても、のべつまくなしに笑わしてたらええちゅうわけやないんで、会話の間《あいだ》にはっきりとその人間の生活や考え方を出さんことには」

砂糖をたくさん入れるほどおいしくなるわけではなく、素材の味をちゃんと出すことが大切ということでしょう。

では、人間描写をしっかりすれば、それでいいのか？

そうすると、今度は小説に似てきます。

落語らしさとは、いったいどこにあるのか？

## ●自然と笑いが醸《かも》される

人間描写によって、自然とそこに笑いが生じてくる。

つまり、人間の「どうしようもなさ」や「しまつにおえなさ」を描くことによって、「なんてダメなんだ」と、同じダメな人間として共感を持って、自然と笑いがこぼれる。

砂糖を入れなくても、米と米麹《こめこうじ》から自然な甘味の甘酒ができるように。

それが落語らしさのひとつではないでしょうか。

## ●自由な形式を生かす

しかし、それだけではまだ落語ではありません。

やはり大切なのは「落ち」です。

といっても、普通に物語を作って、ただ最後に落ちをくっつけたのでは、やはりあまり落語らしくありません。ネズミにふさふさのシッポをつけてもリスにはなりません。

これまで述べてきたように、落ちがあることによって、落語はとても自由な形式を手にすることができました。これを生かさないと、落語らしいとは言えないでしょう。

鶴見俊輔《つるみしゅんすけ》と別役実《べつやくみのる》と梨木香歩《なしきかほ》の座談会「物語をめぐって」で、劇作家の別役実がこういう発言をしています。

「物語はこう語るべきだというルールができあがってしまっている。例えば起承転結のように、物語自体のメカニズムは強烈なんです。物語には、こうなったらこうならざるをえない、というようなことが様々な形でわなのように仕掛けられているわけです。その既存のルールをどう突破していくことができるのかが難しいところなんですけどね」

（「母の友」二〇一六年二月号　福音館書店）

この難しいことが、落語においては、落ちによって可能となるのです。人間の不完全さを描いて、自然な笑いを醸《かも》し出し、自由な形式を充分に生かした、落ちのある物語。

落語を作るとしたら、目指すのは、こういう物語なのではないでしょうか。

**A** 落語とは、人間の不完全さを描いて、自然な笑いを醸し出し、自由な形式を充分に生かした、落ちのある物語。

［書籍紹介］

『桂米朝集成　全四巻』岩波書店
噺の復活と創作、演出をめぐる論文・随筆・随談、座談会・対談などを集めたものです。

「母の友」二〇一六年二月号　福音館書店
鶴見俊輔を追悼した記事でしたが、別役実も二〇二〇年三月に死去されました。貴重な座談会の記録です。

## Q11　文字にすると、なぜ噺が死んでしまうの？

### ●落語を作るときは、書く？

前回、「落語を作ってみよう！」という提案をさせていただきました。

そのとき、実際に落語を作るシーンを、どのようにイメージされたでしょうか？

やはり紙とペンを持って書くところを想像された方が多いのではないでしょうか？

落語は「語る」ものですが、とはいえ、作るとなると、やはり「書く」ところが頭に浮かぶと思います。

書いておかないと覚えきれないということもありますし、書いたものをまた自分でも読み返して検討しないと、いいものが作れない気がします。

### ●落語は語り芸

しかし、落語はもともとは口から口へと口伝《くでん》されてきたものです。

もちろん、語りだった小咄《こばなし》が本になり、その本から落語が作られ語られるようになり、それがまた速記本になり、それをもとにまた語られるなど、語り↓本↓語りということをくり返してもいます。

しかし、あくまでも本質は語りです。

今でも落語の世界で口伝が重視されているのは、決して昔気質《むかしかたぎ》なだけではなく、そうしないと肝心なものが伝えられないからです。

昭和の名人、六代目三遊亭圓生《さんゆうていえんしょう》は、劇作家の宇野信夫《うののぶお》との対談で、こう言っています。

「聴いてましてね、この野郎、速記で覚えたなと。すぐわかる。どっか、噺《はなし》が死んでる」

（CD『圓生百席特典盤』ソニー・ミュージックレコーズ）

宇野信夫の「速記は速記でちがったもの」という言葉に、圓生も同意して、さらにこう言っています。

「生きた噺を教わったほうが、それは楽なんですよ」

「よほどでないと、活字を見ても生かせない。原稿を渡して、それが生かせるくらいなら、そうとうな一人前の噺家です。それは生かせないです」

（同前）

## ●しぐさはとても重要だけど

なぜ速記ではダメなのでしょうか？

圓生が例としてあげているのは、見ないとわからないしぐさのところを、速記では言葉で説明してある、それをそのまま語るとおかしくなる、ということです。

つまり、いくらそのままを書き記した速記でも、書けない要素があって、そこはちがっているので、そのまま語っても元通りにはならないということです。

では、語りを文字にしたときに、抜け落ちたり変質してしまうのは、しぐさだけでしょうか？

しぐさは、落語ではもちろん大切なものです。しかし、『桂米朝　私の履歴書』（日本経済新聞出版）にこういう話が出てきます。

桂米朝は、一五〇〇人収容の大ホールでの独演会を頼まれ、「落語はこういう大きなところでするものではない。細かい表情やしぐさが後ろの客席では見えない」とためらうものの、事情があって引き受けることに。結果は大成功。「落語は目ではなく、耳のものだということだ」と実感したというのです。

つまり、しぐさは重要ですが、それがなくとも「どっか、噺が死んでる」というところまではいかないということです。

## ●語りを文字にすると何が起きるのか？

語りも言葉、活字も言葉。

それでも、語りにあって、活字にできないものとは何なのでしょうか？

南アフリカ出身の白人の文学者で、オーストラリアに移住して英語で作品を書いているノーベル賞作家J・M・クッツェーに、『エリザベス・コステロ』（鴻巣友季子・訳　早川書房）という小説があります。

主人公は、六十六歳のオーストラリア人の有名作家エリザベス。

彼女は、アフリカの黒人の作家エマニュエルの講演を聴きます。

「真のアフリカン・ノヴェルとは、口伝えのノヴェルだ。紙に書かれると生気を失い、半分も活きてこない」とエマニュエルは主張します。

これはまさに、圓生が言っていることと同じではないでしょうか。

これに対してエリザベスはいらだちを覚えます。

「なにかしら彼女の気に障《さわ》るものがある。口承《こうしょう》文学とその神秘に関わる部分だ」

なぜいらだつのでしょうか？

他の人がエマニュエルにこんなふうに言います。

「あなたが要求しているのは、わたしが思うにエマニュエル、たんなる声ではなく、パフォーマンスではないかしら」「小説というのは（中略）パフォーマンスに頼らないことを利点としてきた」

文字で書かれた文学は、生身の声や肉体の力に頼らずに、それでも成り立つように進歩し続けてきたわけです。

そういう作家であるエリザベスにとって、文字ではダメだというのはいらだたしいことかもしれません。

これはたとえば、女性が舞台に立てない制約の中で、男性が女形《おんながた》を演じることで独自の進歩を遂げてきた歌舞伎に対して、今さら「女性が出てこないからダメ」と言うようなものです。

口承文学にしかないものは何なのか？

文字の文学にしかないものは何なのか？

そのちがいはどこにあるのか？
次でさらに考えてみたいと思います。

**A**　語りを文字にすると、しぐさまでは完全には記録できない。しかし、それだけでなく、噺が死んでしまう、もっと別の理由がある。

［CD紹介］

『圓生百席特典盤』ソニー・ミュージックレコーズ
『圓生百席』をセットで購入した場合の特典盤。宇野信夫の未発表対談の音源が収録されています。

［書籍紹介］

桂米朝『桂米朝　私の履歴書』日本経済新聞出版
上方落語の復興に尽力し、人間国宝、文化勲章を受章した桂米朝が、日本経済新聞に「わたしの履歴書」として連載したものを元に加筆した自伝。

J・M・クッツェー『エリザベス・コステロ』鴻巣友季子・訳　早川書房
クッツェーは、南アフリカ出身で、オーストラリア在住の小説家。二〇〇三年にノーベル文学賞を受賞。『マイケル・K』や『恥辱』が有名。

# Q12 なぜ小泉八雲は「本を見る、いけません」と言ったの？

## ●昔話を語って聞かせる習慣はなぜ消えたのか？

ちょっと昔話について、お話しさせてください。

前章でも書きましたが、昔話は、もともとは口から口へと語り継がれてきました。祖父母や両親が子供に語って聞かせ、その子供が親や祖父母になったときに、また子供や孫に語って聞かせるというふうにして。

今では、そういう習慣はほとんど失われてしまいました。じつに残念なことです。核家族化など生活形態が変わり、テレビやラジオなどさまざまな娯楽も誕生したからだろうと思っていたのですが、それだけでもないようです。

昔話研究家の小澤俊夫《おざわとしお》（ミュージシャンの小澤健二《けんじ》のお父さんで、指揮者の小澤征爾《せいじ》のお兄さんでもあります）のポッドキャストによると（「昔話へのご招待」https://fmfukuoka.co.jp/blog-archives/a/mukashi）、昔話は戦後にひどいあつかいを受けたのだそうです。

「昔話というのは、日本の古いものにしがみついている。ああいう、古いものにいつまでもしがみついていてはいけないんだ。近代日本を作るためには」とか、「昔話は無知蒙昧《むちもうまい》な老人たちが語ってきたものだから、文芸的にも優れてない」とか。

だから小澤先生がお年寄りのところに昔話を聞きに行っても、なかなかしゃべってくれないことがあったそうです。息子や嫁に「みっともないから、くだらない話をしないでくれ」と口止めされていたりするのです。

こう書いているだけでも腹立たしいですが、幸い、現在ではこんなことを思う人はいないでしょう。昔話の価値は見直されていると思います。

## ●本の読み聞かせでも同じことなのか？

しかし、見直してみても、いったん途切れた伝承は復活しません。

ですから、今では昔話は、もっぱら本によって伝えられています。口から口へではなく、文字で記録され、本として残されていくようになっています。

そして、その本を子供に読み聞かせるという活動も盛んになっています。

語りが、いったん本になり、またそれが声に出して読まれているわけです。だとしたら、これで問題はないのでしょうか？

冷凍して、また解凍するようなもので、うまくやりさえすれば、ほぼ元通りでしょうか？

残念ながら、そうはいきません。

もともと語られていた昔話と、本を読み聞かせるのとでは、まるでちがいます。

という話をすると、たいてい不思議そうな顔をされます。

「語られていた通りを、文字で記録して、その通りを語れば、まったく問題ないのでは？」と。

たしかに、問題はなさそうです。

それでもちがうんだと言えば、前回のクッツェーの『エリザベス・コステロ』のエリザベスみたいに、怒り出す人もいるかもしれません。

## ●落語の本を語り聞かせても、それは落語ではない

でも、ここで落語の話をすると、たいてい納得してもらえます（もちろん、相手が落語を少しは聴いたことがある場合に限られますが）。

落語の本もたくさんあります。中には、語られた通りに記録してあるものもあります。しかし、それを読み聞かせても、元の落語とはちがいます。

「ああ、たしかに」と、これを言うと、あっさり納得してもらえます。

日本には落語があるおかげで、このわかりにくいことを、すごく簡単にわかってもらうことができるのです。それも、理屈より先に実感として。

これはとても大切なことで、落語がちゃんと口伝《くでん》で残されているからこそです。落語の価値は、こういうところにもあります。

## ●素人と玄人の差だけではない

でも、こういうふうに言う人もいます。

「それは噺家《はなしか》さんは語り方がうまいから、素人が本を読むのとはちがってしまうだけなのでは？　噺家さんが読めば、大丈夫なのでは？」と。

しかし、前回ご紹介したように、「聴いてましてね、この野郎、速記で覚えたなと。すぐわかる。どっか、噺が死んでる」（六代目三遊亭圓生）わけです。

たとえ、噺家さんが語ったとしても、文字になったものを語ったのでは、どこか噺が死んでいるのです。

## ●「本を見る、いけません」

昔話も同じことで、文字にしたものを読み聞かせても、それではどこか話が死んでいるのです。

では、どうやったら、話は生きるのでしょうか？

死んでしまったものは、もはや生き返らないのでしょうか？

私は、そこまで悲観したものではないと思っています。

参考になるのは、日本の昔の怪談などをたくさん書き記した、ラフカディオ・ハーン（小泉八雲《こいずみやくも》）のこんなエピソードです。

ハーンは、日本人の妻の小泉節子《せつこ》から、昔話を聞いていたのですが、その節子がハーンとの思い出をこんなふうに語っています。

> 私が昔話をヘルンに致します時には（中略）私が本を見ながら話しますと『本を見る、いけません。ただあなたの話、あなたの言葉、あなたの考でなければ、いけません』と申します故《ゆえ》、自分の物にしてしまっていなければなりませんから、夢にまで見るようになって参《まい》りました。

小泉節子（『思い出の記』青空文庫）

ハーンはなぜ、「本を見る、いけません」と、読み聞かせを否定したのでしょうか？　「ただあなたの話、あなたの言葉、あなたの考でなければ」とは、どういうことなのでしょうか？

そのことについて、次でさらに考えてみたいと思います。

**A**

昔話も、落語と同じく、文字にしたものを読むのでは、話が死んでしまうから。

［書籍紹介］

小泉節子『思ひ出の記』ヒヨコ舎

青空文庫でも読めます。また、もともと語られたものなので、朗読で聴くと、とてもいいです。日根敏晶さんという方が、YouTubeで無料で朗読を公開しておられます（https://www.youtube.com/watch?v=MSpL8awqPkY）。

## Q13 「耳の物語」と「目の物語」とは？

**●語りと文字の差は「非言語コミュニケーション」**

引き続き、口から口へと語り継がれてきた昔話や落語と、文字で書かれた昔話や落語とのちがいについてです。

通常、口で語られたものと、文字で書かれたもののちがいと言うと、声音《こわね》とか口調とかしぐさとか、いわゆる「非言語コミュニケーション」の要素と思われがちです。先にご紹介したクッツェーの小説で登場人物が「あなたが要求しているのは（中略）パフォーマンスではないかしら」と言ったのも、そういうことでしょう。たしかに、そういう面もあります。

## ●対面と文字では存在感がちがう

また、対面と文字では、存在感のちがいということも大きいです。心理学者のクリスティらの研究によると、直接会うのと電話とでは、相手の「存在感」（相手がそこにいると感じられる度合）が大きく異なります。直接会うよりも、電話のほうが、相手の「存在感」は、はるかに希薄なのです。手紙やメールなどの文字になれば、なおさらです。

幼児への語学の教育の実験でも、対面で教えるのと、同じ人が同じようにテレビ画面で教えるのとでは、幼児にふれたりすることはまったくなくても、習得に大きな差があることがわかっています。もちろん、対面のほうが、はるかに身につくのです。存在感の重みゆえでしょう。

落語にしても、ＣＤで聴くのと、ＤＶＤで見るのと、生の高座とでは、ぜんぜんちがうというのは、体験したことのある人ならわかるでしょう。「一度は生の高座を見たほうがいい」とすすめる落語ファンが多いのは、そのためです。

文字の落語と、生の高座では、その差はなおさらです。

## ●昔話には独特の文体がある

そういうはっきりした大きな差があるために、その差のためだけと思われてしまいがちです。しかし、じつはそれだけではないのです。もっと根本的なちがいがあります。

それは「耳の物語」と「目の物語」のちがいということです。

「耳の物語」とは、口承文学、口から口へと語り継がれてきた物語のことです。

「目の物語」とは、文字で書かれた物語のことです（映画やドラマや漫画なども含まれます）。

同じ物語でも、そこには明確なちがいがあります。

そのちがいに最初に気づいたのは、スイスのマックス・リュティという人です。他にもなんとなく感じていた人はいたでしょうが、それを初めてちゃんと研究し分析したのは彼だったのです。

マックス・リュティは、高校の国語の先生でした。独力で昔話の研究を進め、それが認められました。チューリッヒ大学が、彼のためにわざわざ民族学科を新設して、その教授として招いたのだそうです。リュティもすごいですが、チューリッヒ大学もすごいです。

昔話の研究をしている学者は、もちろんそれ以前からたくさんいました。しかし、昔話と社会の関係などを研究する人が多く、昔話そのものを研究する人はいなかったのです。

リュティは昔話そのものを研究しました。そして、昔話には、独特の文体、語り口があることを発見したのです。

## ●昔話や落語は「耳の物語」

なぜ独特の語り口があるのか？

それは昔話は、耳で聴くものだからです。耳で聴いてわかりやすい語り口というのがあるわけです。

考えてみれば、あたりまえですね。朗読をお好きな人ならおわかりになると思いますが、有名な作家でも、朗読で聴いてわかりやすい人と、わかりにくい人がいます。それは文章の上手下手ではなく、耳で聴いてわかりやすい文体かどうかということなのです。

昔話は口から口へ、長い間、語り継がれてきました。その間に、耳で聴いてわかりにくいところは、だんだん消えていきました。そして、耳で聴いてわかりやすいところだけが、生き残っていきました。いわゆる淘汰です。そして、だんだん耳で聴いてわかりやすいものに変化していきました。いわゆる進化です。

そうやって、長年の間に、洗練されていって、「耳の物語」として完成されていったのです。昔話や落語は、そういう文学なのです。

## ●「耳の物語」の語り口は世界共通

では、「耳の物語」の語り口とは、いったいどういうものなのでしょうか？

それをいよいよ次でご紹介したいと思います。

なお、マックス・リュティについては、前にもご紹介した、小澤俊夫のポッドキャスト（「昔話へのご招待」https://fmfukuoka.co.jp/blog-archives/a/mukashi）の「マックス・リュティ先生との思い出」の回がわかりやすいです。

**A**「耳の物語」には、「目の物語」とはちがう、独特の文体、語り口がある。

［書籍紹介］

マックス・リュティ『ヨーロッパの昔話　その形と本質』小澤俊夫・訳　岩波文庫

「余りにも革新的」というので学位論文から外されたという逸話も納得できるほど、今でも斬新。日本では小澤俊夫がいち早く翻訳。二〇一七年に文庫化されました。

## Q14 どうしていつも熊さん八っつぁんが出てくるの？

### ●「耳の物語」の文体は世界共通

マックス・リュティが研究したのは、ヨーロッパの昔話のみです。

しかし、リュティの本を翻訳し、その理論を広めた、小澤俊夫によると、「日本をはじめ、ほとんどの民族の昔話においても妥当することを確認してきました」とのことです（『昔ばなし大学ハンドブック』読書サポート）。

つまり、世界共通ということです。

耳で聞きやすい形式が、世界共通なのは、不思議ではないでしょう。同じ人間で、同じ耳なのですから。ただ、言語や文化の差で左右されないほど決定的というのは、注目に値します。

### ●具体的にはどういう文体なのか？

落語もまた、師匠から弟子へ口伝《くでん》されてきた「耳の物語」の一種ですから、やはり同じ語りの特徴を備えています。

それはいったいどういう文体なのか？

その一端をご紹介してみたいと思います。正確なところは、マックス・リュティの『ヨーロッパの昔話　その形式と本質』（小澤俊夫・訳　岩波文庫）をご覧ください。

まずは、《抽象的様式、孤立性と普遍的結合の可能性》について。言葉は難しいですが、内容は簡単です。

昔話は「むかしむかし、あるところに、おじいさんとおばあさんが」と始まるのがひとつの定番です。時代を特定していません。場所も特定していません。「おじいさんとおばあさん」というだけで、名前も顔かたちも服装も生い立ちも、まったくわかりません。

昔話の人物たちは、その姿を写実的に思い描くことは、じつは困難です。とても抽象的な存在なのです。

そして、出てきた時点では、背景を持たず、社会とのつながりがなく、孤立しています。ほとんど白紙の状態で、まずいきなり現れるのです。

## ●「目の物語」では基本的にありえないこと

「素朴で単純というだけのことでは？」と思われるかもしれませんが、なかなかどうして、そうではありません。

「目の物語」の場合、たとえばバルザックの小説では、時代や場所が特定されるのはもちろん、ある人物が出てくると、どういう顔をしていて、どういう身体つきで、どういう服装をしていて、どういう生い立ちで、どういう社会的地位にあり、どういう性格かなどが、数ページをかけて語られます。

なぜそんな手間をかけるかというと、どういう人物なのかわからなければ、どういう行動をとるかもわからず、そうすると物語も動き出さないし、展開に説得力をもたせることもできないからです。

よく物語の作法などで、「キャラに血が通っていれば、物語は自然と動き出す」などと言いますが、キャラクターが社会の中に位置している具体的な存在であれば、自然とそこから社会とのかかわりが生じてくるわけです。もし社会が物語内の架空の社会であれば、それがじっくり作り込まれているほど、作品は豊かに強固になります。

しかし昔話の場合は、その世界のほうも、そういう作り込み方はされていません。たとえば、白雪姫は、魔女に三度も同じように騙されて死にます。「目の物語」だったから、「いくらなんでも三度目は気づくはずで、おかしい」となってしまいます。そうしたことから、なおさら「昔話は幼稚」と誤解されやすいのですが、そうではなく、求めるものが「目の物語」と「耳の物語」では逆なのです。

## ●求めるものが「目の物語」と「耳の物語」では逆

つまり、「目の物語」は基本的に具体性と関連性を求め、「耳の物語」は抽象性と孤立性を求めるのです。

なぜかといえば、「目の物語」が具体性と関連性によって物語の面白さが増すように、「耳の物語」の場合は抽象性と孤立性によって物語の面白さが増すのです。昔話では、すべてが（人物もエピソードも）抽象的で孤立しているからこそ、具体的な人間関係や、因果関係などにとらわれることなく、自在に要素を結びつけることができます。

これをリュティは《普遍的結合の可能性》と呼んでいます。つまり、キャラに血が通っていなくて、世界が作り込まれていないので、その制約を受けることなく、いくらでも自由に物語を展開できるのです。

昔話の面白さはそこにあります。

## ●落語は「耳の物語」を基本に、「目の物語」の要素も少し

ここで、前に出てきた「落ちがあるおかげで、落語は自由な物語構造を手にした」というお話を思い出していただけると嬉しいです。

落語も、熊さん八《は》っつぁんなどの登場人物は、噺によって少し性格がちがいますし、昔話のおじいさんおばあさんのような存在です。だから、いろんな噺で、いつも熊さん八っつぁんが出てくるのです。

ただ、熊さん八っつぁんは、早とちりだったり、同じ町の住人だったり、もう少し具体性を持っていますし、人物もそこまでは孤立していません。噺ごとに、時代や地域もある程度決まっています。昔話に比べると、「目の物語」の要素も少しは取り込んでいるとも言えるかもしれません。

しかし、「落ち」があることによって、「耳の物語」本来の自由な物語をちゃんと保持できているわけです。逆に言えば、「落ち」があるおかげで、耳で聞くものでありながら、「目の物語」の要素を取り込める余裕が生じたのかもしれません。

では、反対に、「目の物語」のほうで、「耳の物語」の要素を取り入れているものはないのでしょうか？

それに成功しているのがカフカではないかと、私は個人的に思っています。そのこ

とについては、次で。

**A**　「耳の物語」では、登場人物は抽象的な存在で孤立している。そのため、昔話のおじいさんおばあさんと同じく、落語でも、熊さん八っつぁんが、噺ごとに別の人物として登場する。

［書籍紹介］

小澤俊夫『昔ばなし大学ハンドブック』読書サポート

マックス・リュティの本を訳し、『国際昔話話型カタログ』（小澤昔ばなし研究所）の日本語版監修もしている小澤俊夫による、「昔ばなし大学」基礎コースのエッセンスを伝える本。昔話の語りの特徴を豊富な具体例で説明してくれます。

# Q15 古典落語なのに新しさも感じられるのはなぜ?

## ●カフカの小説の主人公は「K」

今回はまずはカフカの話から。落語と大いに関係があるんです。

「ある朝、目がさめたら、ベッドのなかで虫になっていた」という出だしの小説『変身』などで有名な、作家のフランツ・カフカです。

カフカは前衛的な作家だと言われます。

たとえば、前にもご紹介した『城』という長編小説では、主人公の名前はたんなる「K」で、容姿もはっきりせず、生い立ちもわからず、どこから来たのかもわからず、測量士と自称していますが、それも本当かどうかわかりません。そもそも城のある町がどこなのかもわかりません。

このように、主人公が不明瞭で、場所も不明瞭というのは、その後の前衛的な文学で、よく用いられる定番となりました。

それ以前は、主人公も場所もきちんと書き込まれるのが当然でしたから、革命的なことでした。すべてが不確かな時代を反映した手法のようでもありました。

## ●前衛的な手法は、じつは「耳の物語」の法則

しかし、前回ご紹介したように、こうした特徴は、《抽象的様式、孤立性と普遍的結合の可能性》という、じつは昔話（「耳の物語」）の特徴なのです。つまり、「目の物語」より、もっとずっと以前からある様式なのです。

カフカは非常に朗読を好みました。自作の出版にはいつも大いにためらう人でしたが、自作の朗読は喜んでするほうでした。

妹たちや友人たちに朗読して聞かせるだけでなく、朗読会などに出席して一般の聴衆の前でも語っています。「ぼくは朗読することが、おそろしく好きです」と恋人への手紙にも書いているほどです。

あまりにも朗読好きだったから、「耳の物語」の特徴が書くものに自然とあらわれたのか、それとも意図的なものなのか、それはわかりません。

ともかく、カフカの文章には、《抽象的様式、孤立性と普遍的結合の可能性》以外にも、「耳の物語」の法則がたくさん取り込まれています。そのため、とても朗読に向いています。

## ●読みにくい『城』は、じつは聴きやすい

「カフカは朗読に向いている」と言うと、「原文だと音がキレイなんですね」と解釈される方が多いのですが、そういう表面的なことでなく、文体・形式・構造レベルのことなのです。

長編小説『城』は「わかりにくい」「だらだらしていて何が何だかわからない」などと否定的に評価されることがありますが、それは通常の「目の物語」の構造を無意識のうちにそこに求めてしまっているからです。

玄関があり、廊下があり、大広間がありというような、通常の構造を求めてしまうと、迷路のように感じられて、わけがわからなくなります。

しかし、じつは朗読で聴くと、とてもわかりやすいのです。

論より証拠で、『城』全編の朗読を日根敏晶という方がYouTubeで無料で公開しておられるので、ぜひ聴いてみていただければと思います（検索では出てきません。このURLを入力すると出てきます。https://bit.ly/3e8E8xE）。

古い翻訳なので、そういう聴きにくさはありますが、物語自体は、耳からとても入ってきやすく、わかりやすいことを、実感していただけると思います。

## ●『吾輩は猫である』は構造も落語的

「耳の物語」の要素を「目の物語」が取り入れるということでは、以前にも少しご紹介したように、話し言葉と書き言葉がまだ異なっていた明治時代に、「話すように書く」という言文一致運動が起きて、落語（三遊亭圓朝《さんゆうていえんちょう》の人情噺《にんじょうばなし》の速記）が大きな影響を与えました。文字に書かれた落語が、「話すように書く」見本となったのです。

これは画期的なことでした。

ただ、あくまで文章レベルの影響で、文学の形式や構造にまで影響を与えたわけではありません。

日本の文学で、形式や構造のレベルまで、落語の影響が濃いものと言えば、夏目漱石の『吾輩は猫である』でしょう。文章に落語の影響があるのはもちろんのこと、「『猫』などは書こうと思えばいくらでも長く続けられます」（文学談）と漱石自身も書いているのは、起承転結などの形式にしばられることなく、それぞれのエピソードがかなり孤立していて、自由につないでいくことのできる《普遍的結合の可能性》を持っているからです。

## ●「耳の物語」から取り込めるものがまだたくさんある

夏目漱石の『吾輩は猫である』、カフカ、昔話、落語。

私はこれらをそれぞれ別のときに、別々に好きになり、我ながらバラバラな趣味だなあと思っていました。

しかし、じつは一貫したものがあることに、最近になってようやく気づきました。私が好きだったのは、「耳の物語」の様式であったようです。

カフカが、古い「耳の物語」の様式によって、新しい文学を作り出したように、「目の物語」には「耳の物語」から取り込めるものが、まだまだたくさんあるように思います。

幸いにも日本には、落語が現役の口伝《くでん》の語り芸として残っています。そこから学ぶことで、新しい文学の生まれる可能性が大いにあるのではないでしょうか。

古典落語という古いものを聴きながら、私たちはそこに何か新しいものを感じます。前衛的なものを。それは、落語には、私たちがいつも接している小説やドラマや映画（「目の物語」）にはないものが、たくさん含まれているからではないでしょうか？

そんなことも考えながら、リュティの発見した昔話の法則についてさらにもう少し見ていきたいと思います。

**A**　古典落語は「耳の物語」。「目の物語」に慣《な》れた私たちには、斬新に感じられるところが多々ある。

［書籍紹介］

カフカ『変身』高橋義孝・訳　新潮文庫

カフカの代表作。いろんな出版社から出ていますが、『変身』だけで薄い一冊になっているこれがおすすめ。訳もいいです。

［配信紹介］

カフカ『城』Audible 版
https://amzn.to/2VjQWc5
Amazon の Audible ストアにも全編の朗読があります。こちらは有料です。
https://www.amazon.co.jp/dp/B07GRXVGH/

夏目漱石『吾輩は猫である』えぷろんの朗読本棚
えぷろんという方が、全編の朗読を無料で公開しておられます。シニア世代の女性で、年齢を重ねた方ならではの語りが、滋味あふれていて、とても心にしみます。私はこの方の朗読で何度も全編聴いています。
http://epuron-rodoku.seesaa.net/

# Q16　なぜ愛宕山《あたごやま》に登ったら、落語の『愛宕山』は語れないの？

## ●非現実と現実の垣根がない

前回に引き続き、リュティの発見した昔話の法則について、もう少しだけ。その法則は、落語など「耳の物語（口承文学）」全般に通じるものです。

《一次元性》――これは簡単に言うと、不思議なことが平気で起きるということです。非現実と現実の垣根《かきね》がないのです。動物が平気で言葉を話し、桃から子供が生まれ、お菓子の家があります。

落語でも『狸賽《たぬさい》』ではタヌキが言葉をしゃべり、『兵庫船《ひょうごぶね》』ではフカ（サメ）まで口をきき、『鷺《さぎ》とり』では着物の帯に差し込んだ何十羽もの鷺によって人間が空高く舞い上がります。昔話がもとの落語もありますが、そうでなくても、落語は一次元的な世界です。

## ●落語に出てくる愛宕山は現実の愛宕山とはちがう

桂米朝は『愛宕山《あたごやま》』という噺《はなし》を、落語家の文《ふみ》の家《や》かしくから教わったとき、「いっぺん実際に愛宕山へ登ってみます」と言ったそうです。愛宕山に登る噺なのだから、実際に登ってみたほうがいいと思ったわけです。

ところが、文の家かしくから、「やめとき。今、山へ登ったら、やれんようになる」と言われたそうです（『米朝落語全集 増補改訂版』第一巻 創元社）。

噺の中の愛宕山は、不思議の国の愛宕山でもあるわけです。これは落語がお笑いだからではなく、「耳の物語」であるからこその特徴なのです。

カフカの『変身』でも、人間が虫に変身します。でも「原因はなんだ？」「どうすれば戻る？」という展開にはなりません。会社の上司にも知られますが、警察や科学者が来たりという騒ぎにはなりません。かなり《一次元性》の世界と言えます（『変身』の変身と、昔話の変身とでは、根本的なちがいがありますが、それはまた別の話です）。

宮崎《みやざき》駿《はやお》監督は、「資料を見て描くな」と言っていたそうですが、それも「山へ登ったら、やれんようになる」と同じことではないでしょうか。

現実そのままになってしまえば、肝心の魅力もなくなってしまうわけです。

## ●リアルな存在ではなく、二次元的

《平面性》——昔話の登場人物は、首を切られても、またつなぐと生き返ったりします。『眠れる森の美女』は、百年も飲まず食わずで眠り続けても、美しいままです。アニメの『トムとジェリー』では、つぶされようが、身体に穴があこうが、次のシーンでは復活しています。それが《平面性》です。リアルな存在ではなく、二次元的なのです。

「目の物語」に《平面性》を盛大に取り込んだのが、イタリアの作家イタロ・カルヴィーノです。『まっぷたつの子爵』では、左右まっぷたつになった男が、それぞれ故郷に戻って来ます。イタリアの昔話『まっぷたつの男の子』が、おそらくは発想のもとです。カルヴィーノは『イタリア民話集』を編纂《へんさん》しています。

## ●同じことが起きたら、同じ言葉でくり返す

《同じことが起きたら、同じ言葉でくり返す》——「美しい花が咲いていた。美しいと思って持ち帰り、鉢に植えた。美しかった」という文章は、小学生みたいと言われるでしょう。

美しいを何回も使わず、「美しい花が咲いていた。綺麗だと思って持ち帰り、鉢に植えた。素晴らしい色と香りだった」などと、多様な表現をするほうがいいとされます。

しかし、これは「目の物語」の美学です。「耳の物語」では、いったん「美しい花」と表現したら、それはつねに「美しい花」と表現されます。これが「耳の物語」の表現形式です。

創作の文学では、同じことが起きたとき同じ言葉でくり返したら、おそらく作家の表現力がうたがわれるでしょう。けれども耳で聞かれてきた昔話にとっては、同じことが起きたら同じ言葉でくり返すことが重要なのです。

小澤俊夫（『昔話の語法』福音館書店）

落語でも、前に起きた出来事を説明するとき、「かくかくしかじかで」ですませる場合もありますが、まったく同じ言葉ですべてくり返すことが多いです。たとえば『帯久《おびきゅう》』という噺では、初めに二十両、次に三十両、五十両、百両とお金を貸したといういきさつが、三度くり返し語られます。それはほとんど同じ言葉でくり返されます。

こういうくり返しが基本にあるからこそ、酔っ払いが際限なく同じことをくり返すとか（これは多数の噺にあります）、『阿弥陀池《あみだいけ》』や『つる』のように、「同じようにくり返そうと思って失敗する」という笑いが、さらに引き立ちます。

## ●カフカも同じことには同じ言葉を使う

カフカの文章も、じつは、同じことは同じ言葉で繰り返します。

作家のミラン・クンデラが『裏切られた遺言』（集英社）の中で、カフカのフランス語訳を痛烈に批判しています。カフカが同じ言葉を使っているところで、訳者はそれぞれ別の言葉に変えてしまっているのです。

たとえば「ある声がフリーダと呼んだ。『フリーダ』と、Kはフリーダの耳元で言って」というところで、「翻訳者たちはこのフリーダという三度のくり返しをさけたがる」。そして、「女中」とか「連れの女」とか書き換えてしまう。

カフカ自身はけっしてKをよそ者、新来者、青年、あるいはその他の言葉で呼ばない。KはKでしかないのだ。そしてKだけではなく、カフカのあらゆる人物たちはつねに唯一の名前、唯一の名称をもっているのである。

ミラン・クンデラ（『裏切られた遺言』西永良成・訳　集英社）

こうしたカフカの文章の特徴は、先にも述べたように、カフカが朗読好きであったことと、決して無関係ではないでしょう。そして、このことがカフカの文章の独特な詩的な味わいの一因ともなっています。

## ●「耳の物語」を大切にすることが「目の物語」のためにもなる

リュティの発見した昔話の法則はまだまだありますが、これくらいにしておきます。くり返しになりますが、「目の物語」は、まだまだ「耳の物語」から学ぶものがあり、それが革新にもつながると思うのです。

そして、「目の物語」ばかりになった世の中だからこそ、落語という貴重な現役の語り芸を、口伝《くでん》のまま、継承していくことが大切だと思うのです。

**A**　落語に出てくる愛宕山は現実と非現実の境目にある。現実の愛宕山を見てしまうと、ただの現実の愛宕山しか語れなくなってしまうから。

［CD紹介］

「狸賽」
『五代目柳家小さん　名演集2　粗忽長屋／湯屋番／狸賽』ポニーキャニオン
動物がしゃべる落語は他にもたくさんあって、たとえば「王子の狐」という落語では、人間に化けたキツネがしゃべります。

「兵庫船」
『桂米朝上方落語選集　旅のはなし』ユニバーサル ミュージック
旅にまつわる噺だけを集めた七枚組です。「兵庫船」は「兵庫《ひょうご》渡海鱶魅入《とかいふかのみいれ》」というタイトルで入っています。

「鷺とり」
『枝雀落語大全20　鷺とり／皿屋敷』EMI MUSIC JAPAN
荒唐無稽な噺ですし、昔話っぽくもなりやすいのですが、枝雀は爆笑落語に仕立て上げています。

「愛宕山」
『桂米朝　昭和の名演　百噺　其の一　愛宕山／犬の目／魚の狂句』ユニバーサル　ミュージック
「愛宕山」は、江戸落語の八代目桂文楽や古今亭志ん生も、とても素晴らしいです。上方落語と江戸落語を聴き比べるのも楽しいです。

「帯久」
『圓生百席7　帯久／お藤松五郎』ソニー・ミュージックレコーズ
もとは上方落語で、それを舞台を江戸に変えて六代目三遊亭圓生がやっています。桂米朝と聴き比べると面白いです。

「阿弥陀池」
『六世松鶴　極つき十三夜』日本伝統文化振興財団
七枚組で、「阿弥陀池」も入っています。以前にご紹介した「らくだ」も入っています（音源は別です）。

## ［書籍紹介］

桂米朝編『四世桂米團治寄席随筆』岩波書店
桂米朝が師匠の四代目桂米團治の文章を編んだ本。この中に「落語稽古本　つる」という台本が入っていて、演じる心得なども書いてあり、とても興味深いです。これを読んでから、弟子の桂米朝や、孫弟子の桂枝雀の「つる」を聴くのも一興です。

イタロ・カルヴィーノ『まっぷたつの子爵』河島英昭・訳　岩波文庫
あきらかに昔話から想を得た小説です。大砲でまっぷたつに吹き飛ばされた子爵の右半身と左半身が、それぞれ〈悪〉と〈善〉となって故郷に帰ってくる話です。

イタロ・カルヴィーノ『イタリア民話集』河島英昭・訳　岩波文庫
とにかくびっくりするほど面白いです。ちょっと他に類を見ないほどなのは、カルヴィーノのセレクトが素晴らしいからなのでしょう。上下巻二冊です。

小澤俊夫『昔話の語法』福音館書店
昔話の語法を理論としてきちんとまとめておく必要があるということから生まれた本です。とてもいい本です。ＣＤによる昔話の音響資料付きです。

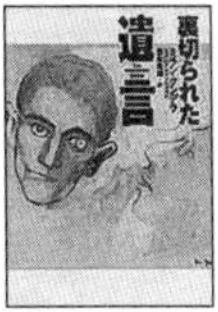


ミラン・クンデラ『裏切られた遺言』西永良成・訳　集英社
カフカの文章の特徴についていろいろ書いてあり、興味深いです。フランス語訳の問題点が指摘してあるのですが、それを日本語訳するという難題を訳者が見事にこなしていて感嘆させられます。

## Q17 落語は映像化したほうが面白いの？

少し話はそれますが、カフカを引き合いに出したついでに、落語とカフカの共通点について、さらに別の観点から取り上げてみたいと思います。

### ●「映画第二芸術論」

それは「見せない力」を充分に活用するということです。

かつて「映画第二芸術論」という主張があったそうです。映画は文学より劣っているというのです。

なぜなら、言葉でなら「彼は顔では笑いながら、内心では憎しみを燃やし、同時に泣きたい気持ちにもなっていた」などと人物の複雑な内面を簡単に描くことができます。

しかし、映像でその人物の顔を写しても、その内面までは伝えることができません。ましてや、ここまで複雑には。

また、言葉でなら「すべての人間は生まれながらにして自由であり、尊厳と権利について平等である」などと簡単に思想を語ることができます。しかし、映像ではそうはいきません。

## ●「映画万年筆論」

その後、「映画万年筆論」というものもありました。カメラも万年筆と同じ力がある。つまり映画も言葉と同じように、人物の内面も思想も描けるという主張です。

ここでもまだ万年筆のほうがカメラより上に置かれています。

今の人は、「へーっ、そんな時代があったんだ」と驚かれることでしょう。映画が「文学のようになりたい」と、あこがれていた時代があったのです。

## ●ありありと映像が浮かんでくる小説がいいのか?

今では完全に逆転してしまいました。映像のほうが主流で、活字離れが進んでいます。本で読むのは面倒くさいから、マンガか映画にしてくれという時代になりました。映像のほうがわかりやすくて、言葉はわかりにくいと感じている人が多いのです。

ですから、今では小説をほめるのに、「ありありと映像が浮かんでくる文章」などという言い方がされます。文学だって映像的でありうるんだぞと主張しているのです。

今では、文学のほうが、映画にあこがれているわけです。

小説を読む人でも、「映像を思い浮かべながら読む」という人が少なくありません。「映像が思い浮かばないような小説は読まない」という人さえ。

映像を思い浮かべて読むのなら、それはもともと映像である映画のほうがいいに決まっています。

しかし、本当に「見える」ことのほうがつねに優位でしょうか？

## ●小説の力は「見せなくてすむ」ことにこそある

小説の力は「見せなくてすむ」ことにこそあると私は思います。そして、その力を最も活用したのがカフカだと。

カフカの代表作『変身』では、主人公が虫になります。しかし、どういう虫なのかは、はっきりしません。カフカは『変身』が本になるとき、「虫の絵は絶対に描かないでください」と、出版社にくれぐれも頼んでいます。

これが映画だったら、虫を見せないわけにいきません。実際、『変身』の映画化や舞台化ではいつも、虫をどうするかが問題になります。小説だから、虫を見せないですむのです。

登場人物が道を歩くような場合にも、映画だと、どういう道なのか見せないわけにいきません。しかし、小説だと、「道」と書くだけですませることもできます。実際、カフカは「道の映像がありありと浮かぶように」なんて書き方は決してしません。本当に必要なイメージしか書かないのです。

## ●落語の「見せない力」

落語も、実際に見えているのは演者だけです。これは決して欠点ではなく、落語もまた、「見せない力」を充分に活用します。

たとえば『頭山《あたまやま》』という噺《はなし》では、自分の頭のくぼみに溜《た》まった水に飛び込んで自殺します。映像化不可能です（それをあえてアニメーションにした山村浩二は、第七十五回アカデミー賞短編アニメーション部門にノミネートされ、二十三の映画祭で受賞・入賞を果たしましたが）。

『子ほめ』という噺では、産まれたばかりの近所の子をほめて、一杯呑《の》ませてもらおうと思った男が、「大きい子だ」とほめるのですが、

「子供のくせに顔じゅうしわだらけで、白髪頭で、入れ歯がたがた」

「そら、お爺《じ》やんが昼寝しててんねやがな」

　おじいさんを赤ん坊と間違えるというのは、映像では無理があります。見えない落語だから成り立つことです。

「子供のくせに顔じゅうしわだらけで、白髪頭で、入れ歯ががたがた」で、聴いているほうも「?」となり、「そら、お爺やんが昼寝してんねやがな」で、そういうことだったのかと笑えるのも、見えていないからこそです。

『米揚《こめあ》げ笊《いかき》』という噺では、甚兵衛《じんべえ》さんから仕事を世話された男が、紹介先の店に向かって歩き出します。

「頼まれもせんのに人の世話して、ときどき苦情聞いたりして後《あと》でぼやいてる。ぼやくくらいなら世話せなんだらええのに、根ェがあほやさかい」

「誰があほやねん」と甚兵衛さん。

「あ、歩くのん忘れてた」

　これも映像でやったら、ありえなさすぎて笑えません。見せない落語ならではのギャグです。

『住吉駕籠《すみよしかご》』という噺では、新米の駕籠屋が、「乗る手間で歩いたほうが早い」と言っている人を無理に駕籠に乗せると、目の前の茶店のおやじでした。「茶店の親爺《おやじ》に駕籠をすすめる奴があるかいな」と相棒に怒られます。

「そうかて、わい知らんがな」

「見たらわかるやろ（中略）高下駄《たかげた》履《は》いて、前垂《まえだ》れ掛けて手ェにちりとり持ってんのやで……。そこまでゴミほかしに来たんやがな。どこぞの世界に（中略）駕籠に乗って帰る奴がある」

例をあげていけば、きりがありません。見えていないからこそ成り立つ笑いです。

（落語の引用は、いずれも『米朝落語全集　増補改訂版』創元社より）

A　落語の映像化は、落語に興味のなかった人に関心を持ってもらうための新しい入り口のひとつにはなる。しかし、映像化してしまうと、せっかくの魅力の多くが失われてしまうのも事実。落語の「見せない力」は、とても大切なもの。

## [CD紹介]

「頭山」
『〈COLEZO!TWIN〉落語　八代目林家正蔵　セレクト』日本伝統文化振興財団
「頭山」は短い噺ですが、八代目林家正蔵（彦六）は長い枕をふったりして、一席の落語として演じていました。

「子ほめ」
『昭和の名人～古典落語名演集　八代目春風亭柳枝』キングレコード
「子ほめ」の入っている桂米朝のCDは「こぶ弁慶」のときにご紹介したので、こちらを。柳枝の明朗快活な語り口が堪能できる噺です。

「米揚げ笊」
『十代目金原亭馬生 十八番名演集（十） お富与三郎～島抜け／お富与三郎～与三郎の死／ざるや』日本コロムビア
江戸落語では「ざるや」。ここで引用した箇所はありません。馬生の「ざるや」は他の誰ともちがいます。独特の笑いで、じつに斬新です。こういうやり方もあるのかと驚かされました。

## ［DVD紹介］

『「頭山」山村浩二作品集』ジェネオン エンタテインメント
映像化できないものをどう映像化するかというところに創意工夫があります。完成までに五年かかったとのこと。別のDVDになりますが、山村浩二は『年をとった鰐』もとてもいいです。

『落語研究会 桂米朝全集』ユニバーサル ミュージック
「住吉駕籠」の映像が入っています。映像ですが、「見せない力」がちゃんと用いられています。

## Q18 落語は本で読むと面白くない？

### ●「耳の物語」を文字で記録すると、どうなる？

「耳の物語」と「目の物語」では、語りの法則がちがうということをご紹介してきました。

語りの法則がちがうのであれば、「耳の物語」を文字で記録すると、いったいどういうことが起きるのか？　たとえば、昔話や落語を、本にすると、いったいどうなるのか？

口で語られている、そのままを文字で記録するつもりでいても、ごく自然に変質してしまうのです。

これは口で語られたものを文章にした経験のある人なら、誰でもわかるでしょう。この原稿を月刊誌「望星《ぼうせい》」で連載していたとき、それを読んだ「M・青い粉」という方がツイッターで、「ボクは自治会の議事録つくってますが、録音聞きながら、読んでわかるように変換するのに苦労します。そういう作業していて、話し言葉と書き言葉はまったくべつなんだなと感じてました」と書かれていました。

「あー」「うー」とか、言いよどみや言い間違いなどを削除したりする以外にも、けっこう手を入れないと、文章としては読みやすくならないものです。

## ●「耳の物語」の法則から「目の物語」の法則への変換

たとえば昔話を文章にするときには、同じ言葉の頻繁《ひんぱん》なくり返しを、つい削除したり、言い換えたりしてしまう。

同じようなシーンのくり返しを省略してしまう。

因果関係のつながりの弱いところを、つい少し補《おぎな》ってしまう。

あるいは、よかれと思って、「森」としか言っていないところを「たくさんの枝がからみ合った暗く無気味な森」などと描写を補ったりする。

人物の心理については何も言っていないのに、「お母さんが心配になって」などと説明してしまう。

手を切り落とされても、足を切り落とされても、首を切り落とされてさえ、血も出なければ痛みも感じていないのに、つい「本当は怖い昔話」といった感じで、スプラッタな描写にしてしまう。

こういう大きなことではなくても、細部において、「耳の物語」の法則から「目の物語」の法則への変換を、ついやってしまうのです。

これは、「耳の物語」の法則をよほど意識していない限り、避けがたいことです。

## ●固定されることで死んでしまう

そうやって変換されてしまうと、「耳の物語」としては、残念ながら、だいなしになってしまいます。

もはや肝心な魅力は失われてしまいます。

見た目には何のちがいもないようでも、じつは死んでしまっています。ピンで止められた標本の蝶のように。

そして、人の記憶だけが頼りで、その場で消えてしまう音声に比べて、文字に書かれた本というのは、どうしても強いです。ずっと残っていきます。

昔話をちゃんと文字で記録して残したいという善意や情熱が、かえって本当の昔話を滅ぼしてしまいかねないのですから、悲しいことです。

その本を読んで聞かせても、それは口から口に伝わってきた昔話を語るのとはちがいます。声↓本↓声と変換しても、元の声には戻らないのです。生野菜をいったん冷凍保存すると、解凍しても、本来の食感は戻らないように。

## ●口伝がベストだけれど……

では、どうしたらいいのか？

口から口へと語っていくのがいちばんですが、ほとんど途絶えてしまっています。とすると、本、録音、録画と、なるべく多角的に保存していくしかありません。本にするときには、「耳の物語」の文体を意識して、なるべくそのまま残すように努力するしかありません。

個人でできることとしては、小泉八雲が奥さんに求めていたように、本を読むのではなく、お話を覚えて、自分のものにして、自分の言葉で語るようにするのです。そうすれば、自然と「耳の物語」の語り口になっていきます。話に命が吹き込まれます。ただ、本を読み聞かせるのに比べて、語り手にとってかなり負担が大きいです。そこまではできないし、でもそこまでやらないとダメなのかなと、読み聞かせまでやめてしまっては、かえってよくありませんから、難しいところです。

## ●落語だけは今も「口伝」されている

落語の場合は、こういう苦悩がありません。今でも口から口へ伝えられています（そうあり続けることを願うばかりです）。何度も書きますが、これは世界的にも本当に貴重なことです！

ですから、落語の場合は、本にするにしても、保存ということを意識せずにすみます。ただ、「耳の物語」の法則を意識していないものは、落語の本当の面白さを伝えることはできません。「落語は本で読むと面白くない」と感じたことのある人は少なくないと思います。

例外的なのは、興津要《おきつかなめ》の『古典落語』シリーズです。あえて速記的な忠実さを排し、「目の物語」として書き直してあります。そのため、読みやすく、読んで面白く、一九七三年の発売当時はシリーズ全六巻で二〇〇万部を超えるベストセラーになったそうです。私も、最初に落語を読んだのはこの本だったと思います。豆腐を冷凍したら、元の豆腐に戻らないのであれば、変化した食感を高野豆腐として楽しもうというわけです。

ただ、これは本体の落語が生きているからこそできることで、昔話のように本体が滅びかけている「耳の物語」には向きません。高野豆腐＝豆腐と勘違いされてしまいます。

## ●落語を本にするなら

落語を本にする場合のベストな方法は、やはり語りをできるだけそのまま記録することでしょう。

そのままのつもりが、そうならないことも多くて、そこが問題なのですが、幸い、『圓生全集』（青蛙房）や『米朝落語全集 増補改訂版』（創元社）などの個人全集は、とてもきちんと作られています。

ちくま文庫からも昭和の名人たちの落語集がたくさん出ていますが、これらも、じつに忠実に語りを記してあって、驚くほどです。たとえば、『古典落語 志ん生集』に収録されている『火焔太鼓《かえんだいこ》』の出だしはこうなっています。

以前はッてえと、夏ッなると夏のような売り物《もん》が出てきた。もう夏だなッてのがわかりましたな。ところてんを売るとかな、エェ、虫売りがくるとか……。

これを読むと、志ん生の語りが頭の中に見事によみがえってきます。

ただし、それは志ん生を聴いたことがあるからです。もし今の世の中に、志ん生の映像も録音もまったくなかったとしたら、この本も志ん生の語りを文字で伝えることはできません。

落語の本は、口伝による落語の語りが今も生きているからこそ、楽しめるものと言えるでしょう。

## ● 黙読ではつまらなかったシーンが、音読では面白い

二〇一三年三、四月号「文学　特集＝三遊亭円朝」（岩波書店）に掲載されていた、横山泰子「目と耳と口で味わう円朝」がとても興味深いのでご紹介しておきます。

筆者は新しい『円朝全集』（岩波書店）を編集する作業の都合上、音読をします。すると、黙読ではつまらなかったシーンが、音読ではとても面白く、それどころか涙ぐんでしまい、自分でも驚いたというのです。

目で読むことと、口で読んで耳で聞くことのちがいが考察してあって、理屈ではなく、体験が先にあるだけに、じつに説得力があります。

明治までは、本を音読するのは当たり前だったとのこと。

読み聞かせや朗読などに興味がある方は、ぜひ図書館などで一読されるといいと思

います。

**A**　落語の本は、「耳の物語」の文体を崩してしまっているものは、基本的に面白くなくなる。語りを忠実に記してあるものを、頭の中で語りを再現しながら読めば、とても面白い。ただし、それも口伝の落語が生きているからこそ。

［書籍紹介］

興津要『古典落語』講談社学術文庫
講談社学術文庫で復刊され、正編、続編、選の三冊があります。
懐かしく思われる方も多いことでしょう。

『圓生全集』青蛙房
全十巻（新版では全五巻）で、別巻が上中下の三巻、さらに追悼編があって、計十四冊。それぞれの噺についての対談や輪講も収録されていて、とても貴重です。

『古典落語　志ん生集』ちくま文庫
他にもさまざまな名人たちの落語集が出ています。いずれも、語り口がよみがえってくるその再現性の高い文章化は素晴らしく、解説も充実しています。

「文学　特集＝三遊亭円朝」二〇一三年三、四月号　岩波書店
新しい『円朝全集』が出るにあたっての特集号で、とても充実した内容です。この雑誌が二〇一六年一一・一二月号で休刊してしまったのは残念です。

# Q19　大人にも語りは必要？

## ●個人的な体験

「耳の物語」と「目の物語」のちがいについて、これまで理屈っぽく語ってきましたが、実際には、感覚的なことが先でした。

この章のまとめとして、個人的な体験を、少しだけ語らせてください。

私は幼い頃、十一歳上の兄に、たくさんの昔話を聞かせてもらいました。兄は本を読むのではなく、自分の頭に入っている話を、自分の言葉で語ってくれました。

ふたりで横になって、私は兄の胸元に顔をうずめて、目をつぶって聞くのでした。おそらく千以上の話をしてくれたと思います。

ですから私は絵本も児童文学もほとんど読んだことがありません。かなり特殊な子供時代だったかもしれません。

## ●聞いた昔話と、本で読む昔話はちがっていた

兄の昔話も、さすがにつきてしまい、自分で昔話の本などを読み出したとき、とても違和感を覚えました。「これはちがう！」と強く感じました。

しかし、何がちがうのか、わかりませんでした。語っていたものが、文字になっているだけで、同じものののはずです。でも、理屈ではそう思っても、感覚的にはどうしても納得がいきませんでした。

それはずっと大人になるまで続き、「子供への語り聞かせ」として、大人が子供たちに昔話の本を語って聞かせているのを聞いても、それは私が兄から聞いたものとはちがうのでした。

## ●落語は、耳で聞いた昔話とよく似ていた

落語は、内容的には昔話とは大きく異なるものが多いですが、落語を聴いたとき、感覚としては兄が語ってくれた昔話にとても近いものでした。

といっても、兄が噺家《はなしか》さんのような語り方をしたわけではありません。だから、今度は、似ていると感じるのが不思議でした。

そんなふうに、「ちがう」とか「似てる」とか、感覚的には確信に近いくらい強く

感じるのに、それをまったく理屈や言葉で説明できないというのは、なんとももやもやして苦しいものです。

## ●わからなかったことの答えが

そのもやを晴らしてくれたのが、マックス・リュティの昔話の法則でした。「耳の物語」には独自の語りの法則があると知って、「ああっ、そうだったのか！」とすべてに納得がいきました。

兄は自分の言葉で語っていたので、そこには「耳の物語」の法則が息づいていたわけです。落語も、もちろんそうです。

そして、昔話の本には、その法則がなかったわけです。文字にすることによって、「耳の物語」の法則が失われていたのです。

クッツェーの小説『エリザベス・コステロ』で、アフリカの黒人作家エマニュエルが「真のアフリカン・ノヴェルとは、口伝えのノヴェルだ。紙に書かれると生気を失い、半分も活きてこない」と主張したのも、そういうことでしょう。決して「あなたが要求しているのは、わたしが思うにエマニュエル、たんなる声ではなく、パフォーマンスではないかしら」ということではないわけです。

六代目三遊亭圓生《えんしょう》が、「聴いてましてね、この野郎、速記で覚えたなと。すぐわかる。どっか、噺《はなし》が死んでる」と言ったのも、そういうことでしょう。

ラフカディオ・ハーン（小泉八雲）が、日本人の妻の小泉節子から昔話を聞くときのエピソードも、そういうことでしょう。「私が昔話をヘルンに致します時には（中略）私が本を見ながら話しますと『本を見る、いけません。ただあなたの話、あなたの言葉、あなたの考でなければ、いけません』と申します故《ゆえ》、自分の物にしてしまっていなければなりませんから、夢にまで見るようになって参《まい》りました」

カフカの文章が朗読に向いているというのも、読んだときの音の響きがいいとか、そういうことではなく、「耳の物語」の語りの法則によって書かれているということなのです。

夏目漱石の『吾輩は猫である』が落語的であるというのは、たんに落語のように滑稽だということだけでなく、そこに「耳の物語」の語りの法則があるということです。

これも先にも書いたことですが、落語、昔話、カフカ、『吾輩は猫である』という、ばらばらなものたちにじつは共通していたもの、私がひきつけられていたものは、「耳の物語」の語りの法則だったのです。

そして、それは幼い頃に兄の語りをたっぷり聞いたことがもとなのでした。

## ●本だけでなく、語りも必要

では、たんなる個人的なノスタルジーなのでしょうか？

私はそうは思いません。子供にも、そして大人にも、語りは必要だと思います。本があればいいというものではないと思います。『百年目』という落語に、香木の赤栴檀《しゃくせんだん》と難莚草《なんえんそう》の話が出てきます。赤栴檀の木の下に難莚草が生える。雑草だというので、難莚草を刈り取ってしまうと、赤栴檀が枯れてくる。それというのは、この難莚草が赤栴檀にとっては何よりの肥《こ》やしになる。また、赤栴檀がおろす露《つゆ》によって難莚草は育つ。お互いになくてはならぬ存在だというのです。

「耳の物語」と「目の物語」もまた、そうしたものではないかと思うのです。

**A**　大人にも語りは必要。子供の頃とちがって、大人になると語って聞かせてくれる人はいない。落語は大人が楽しめる貴重な語り。

［ＣＤ紹介］

「百年目」
『特選!! 米朝落語全集　第六集　百年目／焼き塩』EMI MUSIC JAPAN
「私は『どの落語が一番むつかしいと思うか』と訊かれると、『まあ、百年目です』と答えます」と桂米朝は書いています。東京歌舞伎座での大舞台最後の演目も「百年目」でした。

# 第三章　落語は世界遺産

## Q20 語り継《つ》ぐとなぜ面白くなるの？

きました。

### ●「耳の物語」は伝言ゲームにならないのか？

「耳の物語（口承《こうしょう》文学）」は口から口に語り継《つ》いでいくのがいちばんいい」と述べてきました。

しかし、そうすると、話が変化していってしまうのではないでしょうか？

文字に書いたものなら、そこで固定化されます。誰かが勝手に変えたとしても、原典を参照すれば、もともとはどうだったかがはっきりします。

しかし、口から口に語り継いでいる場合、聞いた通りに語っているつもりでも、自然と変化するものです。「伝言ゲーム」がゲームとして成り立つのもそのためで、想像以上に変化していくものです。

そして、オリジナルはどうだったのかということは、つきとめようもありません。最初に語った口は、もうこの世に存在していないのですから。

そういう不確かさは、文学にとってマイナスではないのでしょうか？　オリジナルが面白くても、たちまちたくさんのデタラメなつまらない話に変化してしまうのではないのでしょうか？

## ●「耳の物語」はすごく変化していく

これはたしかに、その通りなのです。

でも、まったく逆でもあるのです。

どういうことか、ご説明します。

二〇一六年から毎年、福音館書店の月刊誌「母の友」十一月号の特別企画「こどもに聞かせる一日一話」などで宮古島の昔話の再話を掲載させていただいているのですが、あらためて宮古島の昔話について、宮古島の図書館で調べました。

図書館員の方に教えられて見たのが、沖縄国際大学名誉教授の遠藤庄治が編集した『下地町《しもじちょう》の民話』（下地町教育委員会発行）。明治生まれの人たちが、耳で聞いて口で語っている昔話が記録されています。

じつに興味深いのは、同時代のいろんな人が語った同じ昔話が、ずらっと並べて収録してあることです。

同じ話を同じ時代に同じ島の中で語っているのに、それはもう人によって話がずいぶんちがうのです。わざと変化させているわけではなく、耳で覚えた話を口で語ると、どうしたってこういうことになります。

あるおじいさんが語ったのと、あるおばあさんが語ったのでは、出てくる登場人物も、起きる出来事も、そうとうちがっています。

## ●ずっと変わらない部分もある

ところがです。

そのようにたくさんのバリエーションが派生しても、すべての人で共通している部分もあります。

不思議なほどに、そこはきちんと保存され続けていきます。

それがその話の肝《きも》なわけです。

逆に言うと、どこが共通しているかで、どこがその話の肝なのかがわかります。

そして、長い時代を経ても、その肝の部分だけはちゃんと残っていきます。

つまり、昔話は短期的にはさまざまに変化しますが、長期的にはむしろ肝心なところはきちんと残っていって、より面白くなっていくのです。

固定化されておらず、ゆるいがゆえに、長期的にはかえって、生きた状態で保存され続けていくのです。

「耳の物語」は、この横（同時代）での変化と、縦（時代の流れ）での不変の関係がとても興味深いのです。

## ●落語も変化と不変の組み合わせ

これは落語でもまったく同じです。

むしろ落語を例にとると、さらにわかりやすいくらいです。

落語は、師匠から弟子に、まずは一字一句そのまま口うつしに教えられたとしても、その後はそれぞれの演者によって工夫されていきます。

それによって、面白くもなれば、面白くなくなりもします。

しかし、長期的には、面白くない工夫は淘汰《とうた》され、面白い工夫だけが受け継がれていきます。そういう積み重ねで、落語はどんどん面白くなっていきます。

そして、大切な肝の部分は、変わらずに伝わっていきます。

古典落語が、古典であると同時に、現代のものでもあるのは、そういうことからでしょう。

## ●一代では作れないものの素晴らしさ

「目の物語」の場合、たとえ著作権切れであっても、同一性保持権によって、勝手な改変は許されません。これはこれで大切なことです。作者のオリジナリティがいつまでも保持されます。

一方、「耳の物語」のほうは、大勢の人の口を経《へ》ることと、何代もの長い時間をかけることで、その積み重ねの力によって、面白さを生み出しています。

これは、それぞれに、他方にはないよさがあります。

今は個人のオリジナリティばかりが尊重されがちですが、どんな天才であろうとも、個人が一代では作れないものもあります。そういうものも、もっと重視すべきではないかと思います。

それを今も実践している落語は、何度も言いますが、本当に貴重です。

落語の場合も、ある噺家《はなしか》さんの工夫が素晴らしくて、それで人気を得ているときには、他の噺家はその噺《はなし》をやらないとか、他の人が作ったくすぐりを勝手に使わないとかはあるようですが、それでも弟子が引き継いだり、他の人の弟子でも挨拶をして使わせてもらったり、次世代になるとそれをありがたく使ったりということがあります。

もしこういうことがなくなって、著作権で縛られるようなことが起きたら、落語はその「耳の物語」としての活力と魅力を失うことになります。

師匠から受け継いだものだから、自分も弟子に受け継がせる。古典落語はそうして、どんどん面白くなっていって、個人では作ることのできない「耳の物語」として、他に類のない面白さを保っています。

## ●本の素晴らしさと本の問題点

余談になりますが、先の『下地町の民話』という本は、売るために作られたものではありません。だから、類話をたくさん並べることができたのです。売り物だったら、いくら少しずつちがうとはいえ、同じ話ばかりずらっと並べることはできません。売れる売れないという商業主義から自由な本は、やはり面白いなあと、あらためて思いました。そして、そういう本が置いてある図書館の大切さを感じました。

なお、今はおじいさんやおばあさんが昔話を語ると、子供が「本に書いてあるのとちがう。間違ってる！」と言ったりするそうです。そういうことでは、昔話は衰退してしまうわけです。「耳の物語」の場合、間違っているとすれば、文字に固定化された姿なのです。

**A** 語ることで、話者によって自由に変化する。しかし、変わらない部分もある。その二つの作用によって、時代を経るほど面白くなる。しかも、固定化されることなく、つねに生き続けている。

［書籍紹介］

「母の友」二〇一六年十一月号　福音館書店
毎年、十一月号では「こどもに聞かせる一日一話」という特別企画があります。私の宮古島の昔話の再話だけでなく、いろんな方が物語を寄せています。

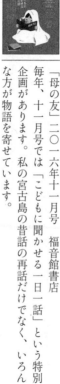

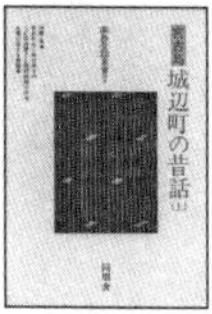


『宮古島　城辺町の昔話』上下巻　南島昔話叢書　同朋舎出版
『下地町の民話』は非売品で、宮古島の図書館にしかなく、島外への貸し出しも行っていません。宮古島に行って見るしかありません。同じ宮古島の城辺町の昔話は、市販品として刊行されたため、古書で入手が可能なので、こちらをご紹介しておきます。

## Q21　落語と一人芝居はどこがちがうの？

### ●「耳の物語」の語り口は日常の中にも

昔話などの口承文学（耳の物語）が、滅んでいってしまっていると書いてきました。
でもじつは、日常生活の中に、その語り口はちゃんと息づいてもいます。

誰でも「この前、こんな面白いことがあってね」という話をしたり聞いたりしたことがあるでしょう。あるいは「あの人じつはね……」といった噂《うわさ》話。

これこそ、口承文学の原型です。「こんな面白い話があってね」が、口から口に語り継がれて、口承文学に。

## ●「一人芝居」ではない「一人語り」の基本

そういう面白話や噂話をするとき、その話の中に、自分以外にも何人もの人が出てくることがあるでしょう。

「私が『悪いけど、それお願い』って旦那《だんな》に頼んだら、旦那が『悪いとわかっていて頼むとは、悪質だな』なんて言うのよ」などと。

こういうとき、話し手は、夫の口まねをするでしょう。でも、本気で夫のモノマネをするわけではありません。夫の言葉だとわかるように、ちょっとそれっぽく言うだけでしょう。

これこそ、「一人芝居」ではない、口承文学の「一人語り」の基本だと思います。

つまり、何人もの登場人物が出てくるので、それぞれちがう人だとわかるように語り分けるけれども、決してそれぞれの人を完全に演じようとするわけではない。

完全に演じたりモノマネしたりすると、その巧みさのほうに注意がそれてしまって、肝心の「お話の面白さ」がメインでなくなってしまいます。夫のひどさを伝えたいのに、「あら、旦那さんのモノマネがお上手ね」と言われたのでは、話したかいがありません。

## ●モノマネや演技とはちがう上手さが求められる

落語も、まさにこの口承文学の語りの基本がそのまま息づいています。

落語家は何人もの登場人物を語り分けます。

しかし、一人芝居のように、本当にそれぞれの人物になりきるわけではありません。

また、モノマネ的に演じ分けるのが上手い人が、それだけ落語が上手いと評価されるわけでもありません。

むしろ、声やしぐさを大げさに変えたりせずに、それでもわかるように語れるほうが、名人とされます。それは渋好《しぶごの》みというだけではないのです。

三代目春風亭柳好《しゅんぷうていりゅうこう》のように、全編を「唄《うた》い調子」で語る落語家もいます。抑揚をつけて唄うように調子よく語るのです。すべての登場人物が、同じ唄い調子なわけで、一人芝居だったら変です。でも、落語の場合、変ではないのです。

唄い調子ではない落語家でも、うまい人ほど、自分の語り口を確立しています。大事なのは、登場人物ごとに変化をつけることより、一定の語り口で全編を語ることなのです。

## ●上手すぎても噺から気がそれる

噺《はなし》の中に、歌舞伎や浄瑠璃《じょうるり》などが出てくることがよくあります。

その素養があったほうがいいのはもちろんです。

でも、あまり上手すぎてもよくないとされます。それは落語だからどこかちょっとふざけていたほうがいいというだけではありません。下手でも噺から気がそれますが、上手すぎても噺から気がそれるからです。

そばやうどんの食べ方も、リアルなほど芸が上というわけではなく、むしろほどほどが肝心です。

落語家初の人間国宝となった五代目柳家小《やなぎやこ》さんは、若い頃、本物の博打《ばくち》打ちだったこともある三代目桂三木助《かつらみきすけ》から本格的なしぐさを教わって、博打のシーンのある噺をやっていたそうです。

ところが、師匠の四代目小さんから怒られたそうです。「わざとまずくやっていいんだ」と。

## ●演じすぎず、あくまで「語る」

落語でも、『千夜一夜物語』のように、噺の中に出てきた登場人物がまた別の話を始める、入れ子構造になっていることがよくあります。

たとえば上方《かみがた》落語の『まんじゅうこわい』では、若い者のひとりが「狐《きつね》に化かされた話」をしたり、年配のおやっさんが「これまででいちばん怖かった話」をします。

その噺の中の話でも、さまざまな登場人物が出てきます。そのときの語り分けは、噺の中の登場人物が語っているのですから、いくらかその人物らしい感じを残しますが、あまり強くは残しません。

それがよくわかるのが、『蔵丁稚《くらでっち》』という噺で、丁稚が忠臣蔵のマネをするのですが、ひどくたどたどしくはしません。だから、聴いているほうは、だんだん忠臣蔵の話に引き込まれていきます。なので、「ええとこやけど、だんだん腹が減ってきたがな」と丁稚が素《す》に戻るところで、観客も我に返って、そうだ丁稚のマネだったと、笑います。

『湯屋番』という江戸落語でも、銭湯の番台に座らせてもらった若旦那が、色っぽい女性との出会いをいろいろ妄想します。観客はその話の中に引き込まれていきます。だから、「あの野郎、番台で自分の手を引っ張ってるよ」と銭湯の客が言うと、観客は、ああそうだ、若旦那の妄想だったと、笑います。

## ●演技≠語り

一人芝居が上手でも、落語が上手とは限りません。

その逆もまたしかり。

語りでは、演じ分けの芝居はほどほどがよく、全体を貫く一定調子こそが肝《きも》なのです。

それが物語の面白さをひとりで口で伝えるベストな方法だからです。

**A** お芝居のようにリアルに演じすぎると、落語とはちがうものに。落語はあくまで、ひとりの人物による語り。その人の語りの調子こそが最も大切。

［ＣＤ紹介］

『ビクター落語 三代目 春風亭柳好 2 青菜／居残り佐平次／穴泥』日本伝統文化振興財団
三代目春風亭柳好のＣＤとして、これをおすすめしておきます。この「穴泥」を録音した後、急逝。正岡容の追悼の言葉が収録されています。

『圓朝祭の柳家小さん 第一巻』小学館ＣＤ ＢＯＯＫ
五代目柳家小さんが、三代目桂三木助から博打のしぐさを教わったのは、「へっつい幽霊」という噺で、これに収められています。

「まんじゅうこわい」
『〈COLEZO! TWIN〉落語 六代目笑福亭松鶴 セレクト二』日本伝統文化振興財団
上方落語の「まんじゅうこわい」は、なんといっても六代目笑福亭松鶴につきます。長くやっているものほどいいです。なお、江戸落語の「まんじゅうこわい」は、内容が大きくちがいます。古今亭志ん生が素晴らしいです。

「蔵丁稚」
『桂米朝 昭和の名演 百噺 其の十七 蔵丁稚／三年酒／天狗さし』ユニバーサル ミュージック
お聴きいただければ、ここに書いたことをご納得いただけると思います。なお、他の収録されている「三年酒」「天狗さし」は珍しい噺で、しかもものすごく面白いです。

［配信紹介］

『独演会　湯屋番　六代目三遊亭圓生』Audible版
https://amzn.to/34D5oA3
Amazon の Audible ストアで配信されている音源。一九六八年年末の人形町末広での高座で、五〇分近く、たっぷり語っています。圓生の「湯屋番」はじつに魅力的。
https://www.amazon.co.jp//dp/B07CK2LZX9

## Q22　落語は日本のものなの？

**●世界中を口から口に語り継がれてきた面白い話が日本で落語に**

落語は日本独自のものです。

しかも江戸落語と上方落語が中心。つまり、地域的にも、言語的にも、かなり狭く、生息地が限られた希少種のようです。

しかし、そのお話の起源をたどれば、これはじつは世界中に広がっています。逆に言えば、世界中を口から口に語り継がれて渡ってきた面白い話が、日本では落語という形になって、今でも語り続けられているのです。

その実例をいくつかご紹介したいと思います。

## ●海外の昔話を翻案した落語

まず有名なところで、『死神』という古典落語。

貧乏な男が、死神から、いいことを教わります。

「病人の枕元に死神が座っていたら、その病人は助からない。反対に足元に座っていたら、呪文を唱えれば死神を追い払って助けることができる」と。

死神が見えるようになった男は、医者になって大儲《おおもう》け。

しかし、大金に目がくらんで、助からないはずの病人まで無理に助け、そのせいで自分の命が縮んでしまいます。

死神は、男を洞窟の中に連れて行きます。そこにはすべての人間の命のロウソクがずらり。男のロウソクは短くなって消えかかっています。

新しいロウソクを継ぎ足すことができれば、命を延ばせます。しかし……というお話。

幕末から明治にかけて活躍した三遊亭圓朝《さんゆうていえんちょう》が、『グリム童話』第二版（グリム童話は初版から第七版まであり、版によって内容が異なります）の「死神の名づけ親」を翻案したもののようです。実際、筋もほぼ同じです。文明開化の明治ですから、圓朝は他にもたくさん海外のお話を落語にしています。

なお、「イタリアのオペラが原作」という説もありますが、これは誤りのようです。詳しくは、北村正裕の論文をネットで読むことができます。大変に面白いので、おすすめです。(http://masahirokitamura.my.coocan.jp/sundaiforum18p.53_70.pdf)

## ● 江戸落語の『風呂敷』

『死神』は意図的に海外の物語を落語に翻案した例ですが、そうではなく、古くから日本で語られてきた落語にも、じつは海外から入っていたお話がたくさんあります。

昔話と同じで、実際にはほとんどが、ＤＮＡをたどると、ご先祖様はとんでもなく遠い地に。

たとえば、昭和の名人、五代目古今亭志ん生《ここんていしんしょう》の十八番だった『風呂敷《ふろしき》』。『増補 落語事典』（東大落語会・編 青蛙房）によると「古い江戸ばなし」とのことです。

亭主が留守の間に、若い男を家に入れて話をしていたおかみさん。急に亭主が帰ってきたので、あわてて若い男を押し入れに隠します。

でも、一晩中そこに入れておくわけにもいきません。お酒を買いに行くと言って家を出て、近所の知り合いに相談します。

相談された男は、風呂敷を持って家に行って、亭主に、「面白い話があるんだ。ある家のかみさんが、間男《まおとこ》を押し入れに隠して、その前に亭主が座っているんで、どうにもならなくなったんだ。で、おれが行って、亭主にこうやって風呂敷をかぶせて」と、説明のためというふりをして、実際に亭主に風呂敷をかぶせて、「その間に間男を逃がして」と、ここで本当に逃がし、「まるくおさめたんだよ」と風呂敷をとる。

するとと亭主は「そいつはうまく逃がしたなあ」

## ●『千夜一夜物語』の「警察隊長」

じつは、これとそっくりな話が、『千夜一夜物語』にもあります。

警察隊長《ムカツダム》をしている男が、妻の浮気を疑って、いつもより早く家に戻ってみます。

ここから先は、佐藤正彰訳の『千一夜物語』（ちくま文庫）を引用しながらご紹介しましょう。

「若妻はその時交合に耽《ふけ》っていましたが、鍵の軋《きし》む音を聞きつけ、すべてをさしおいて、つと飛び起きました」

間男を隠し、「平生身を包んでいる大面衣《イザール》を取り上げて、夫の隊長を迎えに」

警察隊長は、「なぜそんな面衣《ヴエール》を持っているのだ」と。

すると妻は、「この面衣《ヴエール》の話は（中略）教訓として役立つような話なのです」と話し始めます。

ある女が肉屋と浮気をしていると、夫が帰ってきたので、「自分の恋人を隠しておいて、ちょうど今私があなたにしたとそっくりに（中略）自分の手にする布切れを亭主の頭上に投げかけ」

とそこで、妻は実際に面衣《ヴエール》を夫の頭にかぶせて、話を続けます。

「自分の恋人に叫んだものです、『さあ、可愛い人、早く、早く、お逃げなさい。』そこで若い肉屋はいそいで隠れ場所から出て、往来に出る階段をあたふた駈け下りました。以上が私の手に持つ布の話です」

こうして話している間に、実際に自分の愛人を逃がした妻は、夫にかぶせていた面《ヴエ》

衣《ール》をとって、

「笑い出し、尻餅をつくほど笑いこけました」

## ● ナイル渓谷、さらに紀元前五世紀まで

まったく同じ話と言ってもいいほど似ています。

落語の『風呂敷』で、風呂敷を持って家に行くというところに、少し不自然さを感じていました。

しかし、イスラム圏の女性の「ヴェール」がもとだとわかると、なるほどという感じがします。

この話のもとをさらにたどると、ナイル渓谷の昔話のようです。

さらに、紀元前五世紀のアリストパネスのギリシア喜劇『女だけの祭』で、類話が語られていて、もっと前から存在したようです。

そんな遠い昔の、遠い地からやってきて、『風呂敷』という落語になったのです。

それを思うと、感慨深いです。

**A**　落語は日本のもの。でも噺の起源をたどれば、世界中に広がっている。時代的にも、紀元前からある話も。それが時代的にも地域的にも、はるばるやってきて、江戸落語や上方落語になっている。

［CD紹介］

「死神」

『圓生百席23　品川心中（上・下）／死神』ソニー・ミュージックレコーズ

「死神」は六代目三遊亭圓生がいったんの完成形と言えるでしょう。後に続く人たちが、さらに落ちを変えたり、それぞれに工夫しています。

## [DVD紹介]

「風呂敷」
『志ん生NHK映像集　DVD全3枚』NHKスクエア
志ん生の映像は残念ながらあまり残っていないのですが、「風呂敷」は残っています。ぜひ映像でご覧になってみてください。

## [書籍紹介]

『完訳グリム童話』全二巻　小澤俊夫・訳　ぎょうせい
グリム生誕二百年記念として出版された決定版。第二版をそのままに再現・全訳してあります。『グリム童話』の邦訳は、第七版の翻訳がほとんどで、初版の翻訳もありますが、小澤俊夫は第二版を選んでいます。昔話の語り口が残っているとのことです。

# Q23　コモロ諸島の落語とは？

## ●「耳の物語」は遠くまで伝わる

前回、古典落語『風呂敷』と、ほとんど同じ話が『千夜一夜物語』にもあることをご紹介しました。さらに元をたどると、紀元前まで遡《さかのぼ》るということも。隠れている間《ま》男《おとこ》を、亭主の頭に布をかけることで、女房がうまく逃がすというお話です。

離れた時代・場所に、似た話がある場合、二つの可能性が考えられます。

ひとつは、間男は世界中にいるわけで、まったく関係なく、それぞれに同じような話が誕生したという可能性。

もうひとつは、一方の話が他方に伝わっていったという可能性。

普通に考えると、前者のほうがありそうです。口から口へとナイル渓谷から日本まで伝わってきたというほうがありえなく思えます。

でも、昔話の研究によると、それくらいの距離はなんなく伝わってくるのだそうです。そして、似た話が別々の場所にある場合、たいていは伝わってきたものなのです。

面白い話の力というのは、すごいですね。

『風呂敷』と『千夜一夜』の「警察隊長《ムカツダム》」の場合、あまりに似ていて、ここまでちゃんと伝わるものかと、驚きを感じてしまいます。

しかし、「語り継ぐとなぜ面白くなるの?」でもご紹介したように、口伝えだからこそ、いろいろ変化しながらも、肝心なところはきちんと伝わるのです。

## ●『風呂敷』は台湾から入ってきた

『風呂敷』の場合は、じつは伝わってきたルートもある程度わかります。

日本には、韓国からと、台湾からと、少なくとも二つのルートから入ってきています。

そして、韓国から入った話は、日本の昔話となっています。

台湾から入ってきた話が、落語の『風呂敷』になりました。

なぜわかるかというと、この話の韓国での類話では、布を使わずに、手で目を隠します。

台湾の類話では、布のままです。

いったん消えた布がまた現れるとは考えにくいので、『風呂敷』のもとになったのは、台湾から入ってきた話のほうだとわかります。

　やってきたルートまでわかると、そうやって伝わってきたんだなあと、なおさら感慨深いものがありますね。

（補足ですが、西村正身の『シンドバードの書の起源』で、高知県中村市の昔話に似たものがあると知り、関敬吾の『日本昔話大成』第10巻で確認したところ、たしかに落語の『風呂敷』にそっくりでした。ただし、こちらは風呂敷ではなく、桶を亭主にかぶせています。布が桶に変化していて、興味深いです）

## ●においを嗅いだ代金を払え

　今回は、さらにもっと遠くから来た可能性のある落語をご紹介したいと思います。『鰻《うなぎ》のかざ』という噺があります。「かざ」とは「におい」のこと。

　ケチな男が、隣の鰻屋が蒲焼《かばや》きを焼くにおいを嗅《か》いで、それをおかずにご飯を食べていました。

　すると月末に、鰻屋が勘定を取りにきます。鰻の嗅ぎ代を払えというのです。

　ケチな男はびっくりしますが、「払いますよ」と言って、財布を振って小銭の音をさせ、

「嗅ぎ代だから、音だけでよかろう」

短い噺なので、ケチがテーマのもっと長い噺の枕《まくら》で語られたりします。たとえば六代目三遊亭圓生《さんゆうていえんしょう》の『位牌屋《いはいや》』の枕など（『圓生全集』別巻・下　青蛙房）。

『増補　落語事典』（東大落語会・編　青蛙房）によると、「原話は安永二年上方板『軽口大黒柱』巻三所収の『独《ひとり》弁当』だが、それより安永九年江戸板『大きに御世話』所収の『蒲焼』のほうが現行に近い」とのこと。

## ●『料理の匂いの代償』

しかし、さらに遡《さかのぼ》ると、原話は海外、それもアフリカ大陸の東南部のコモロ諸島の話かもしれないのです。

『マダガスカルの民話』（論創社）に、ほとんど同じ話が収録されています。編訳者の川崎奈月によると、コモロのおばあさんが口で語ったものとのことです。口承文学として今でも伝えられているものなのです。本の帯にも「初のアフリカ口承文学の活字化」とあります。

『料理の匂いの代償』という題で、こういうお話です。

スルタン（領主）の家のご飯にかけるソースは、とてもいいにおいでした。それで、あるおばあさんが、そのにおいを嗅ぎながら、それをおかずにご飯を食べました。

すると、スルタンはおばあさんに、嗅ぎ代を払えと言い出します。

お金のないおばあさんは困って、賢者に相談に行きます。

賢者はおばあさんにお金を貸して、これをスルタンに渡すときに、地面に落とすように言います。

言われた通り、おばあさんはスルタンの前でお金を落とします。

すると賢者が飛び出してきて、「においを嗅いだだけなのだから、お金の音を聞くだけにしなさい」とスルタンに言います。

賢者が言うか、当人が言うかのちがいだけで、ほぼ同じ話です。

## ●アフリカの『ウサギとカメ』は、カメの策略がすごい

他の場所で生まれた話が、コモロ諸島と日本にそれぞれ伝わった可能性もあります。でも、コモロ諸島から日本まで伝わってきた可能性も大です。人類がアフリカから広がって行ったように、物語もアフリカから広がって行ったものが大半なのです。

私が住んでいる宮古島の昔話にも、アフリカの昔話に近いものがありました。

それは、イソップの『ウサギとカメ』の原話でもあります。イソップの場合は、ウ

サギが油断して居眠りをして、カメが勝ちます。

アフリカの原話の場合は、ちがいます。ウサギとカメが競走することになるところまでは同じですが、その後がちがいます。カメは親戚一同を集めます。そして、競走するコースのそばの草むらに親戚のカメたちを潜《ひそ》ませます。

そして、ウサギがだーっと走って、もうカメの姿は見えないだろうと振り返ると、そばの草むらから親戚のカメが飛び出して、「すぐ後ろにいるよ」と言うのです。

ウサギはびっくりして、さらにスピードを上げて走ります。で、今度こそもう引き離しただろうと思って振り返ると、またそばの草むらからカメが飛び出して、「すぐ後ろにいるよ」。

ウサギはびっくりしてしまって、こんなに早く走ったことはないというほど必死で走って、ついにはバッタリ倒れて死んでしまいます。

それで競走はカメの勝ちとなるのです。

イソップとはずいぶんちがいますね。もともとは「油断してはいけないよ」とか「慢心はダメ」とか「地道な努力が大切」といった教訓話ではなかったわけです。

イソップの『ウサギとカメ』は、室町時代後期以降に日本に入ってきて、イソップ寓話を翻訳した『伊曾保物語《イソホモノガタリ》』に収録され、明治時代に教科書に載って広く知られるようになり、今に至ります。

宮古島には、どうやらそれとは別ルートでやってきたらしく、宮古島の昔話は、アフリカの原話にもっと近いです。ウサギとカメではなく、カラスとカエルになっているのですが、カエルの作戦はアフリカのカメとまったく同じで、カラスは力尽きて、バッタリ落ちてしまいます（死にはしませんが）。（この宮古島の昔話は、前にご紹介した『下地町の民話』に入っています）。

いったん、イソップの『ウサギとカメ』のように変化してから、またアフリカの原話に近くなることは考えにくいので、アフリカの話が、イソップを経由せずに、別ルートで宮古島まで渡ってきたと考えられます。

## ●イソップ物語は落語にもなっている

なお、イソップ物語は、落語とも関係があります。

イソップに「ロマンス・グレーと二人の愛人」という話があります。

ロマンス・グレーの男が、若い娘と年長《た》けた女と、二人の愛人を持っていた。婆さんは、自分より若い男と語らうのがきまり悪くて、男が通って来るたびに、髪の毛の黒いのを抜き続けた。若い方は、年寄りを愛人にするのに気が引けて、白いところを抜いた。こうして、両方から代わる代わる抜かれた男は、遂《つい》に禿《はげ》になってしまった。

このように、何につけ不釣合いは怪我のもと。

（『イソップ寓話集』中務哲郎・訳　岩波文庫）


この話が世界を旅して、中国を経由して、室町時代（十五世紀前半）に日本にやってきます。

そして、大説話集『三国伝記《さんごくでんき》』の第一巻二十五「抜髪男事」（男、髪を抜かるる事）となります。

この本は、インドの僧侶、中国の俗人、日本の隠者の三人が、清水寺に集まって、かわりばんこに自分の国の物語を語るという形式で、三六〇の話が集められています。編者は沙弥玄棟《しゃみげんとう》。

ここでは、さらに続きがあって、禿《はげ》になった男は、両方の女性から捨てられてしまいます（このもとになった中国の話ではさらに、捨てられた男は悲しんで死んでしまいます）。

一方、イソップ物語は、安土桃山時代（一五九三年）に、ポルトガル語から日本語に翻訳されます。『伊曾保物語《イソホモノガタリ》』です。ここにも、下十八「男二女をもつ事」として、先の「ロマンス・グレーと二人の愛人」が入っています。

つまり、中国からと、ヨーロッパからと、二つのルートで別々に日本に入ってきたわけです。

そのどちらがもとになったのかはわかりませんが、八代目桂文楽《かつらぶんらく》は、落語の『悋気の火の玉』の枕《まくら》で、これを小咄として語っています。

御本妻《ごほんさい》とお妾《めかけ》さんでは焼き方がちがうんだそうです。そんなことはないだろうって、そうではないんだそうですが、どういうとこがちがうかてぇと、ご本妻は腹で焼くんだそうです。お妾さんのほうはちょっと上でいくんだそうで。

「旦那」

「なんだい」

「あたし、あなたにお願いがあるんですけども」

「なんだい、あらたまって願いとは。なんだい、願いとは」

「あたしに頭、貸してくださらない」

「おい、変なこと言うんだな。なんだい、その、頭貸せてぇのは」

「大変白髪が生えてんですもの、抜いてあげようと思って」

「いいよぅ、そんなことしなくったって」

「そうでないわよ。こないだ銀座へ行ったときに、どうして? 向こうから来た人が『親子じゃないかしら』って、ずいぶん悔しいと思ったわ。だから、抜かしてよー」

ってんで、この膝枕かなんかでもって、この、白髪を抜いてもらうてぇのは、よい心持ちだそうでございますな。あたくしは存じませんけれども。

これでお家へお帰りになると大変で、

「あなた、頭どうなすって?」

「頭、頭、頭は、ぁぁ、ありますよ」

「頭はありますよ。頭の白髪をどうなすってって」

「あっ、これかい。これは心配することはない。これはね、床屋の親方がね、寝てたらね、抜いてくれたんだ」

「なんて床屋でしょうね。頭が禿げたり、白髪が増えたりするんで、重々しく信用がつくんじゃございませんか。やに、この節、若返って。浮気でもしようと思って。こっちへいらっしゃい！」

ってんで、黒い毛をずーっ。

お妾さんのほうでは白い毛を抜く、御本妻のほうでは黒い毛を抜く。

とうとう旦那ひとり坊主にしちまったって、馬鹿な話で。

（ＤＶＤ『落語研究会　八代目桂文楽　全集』竹書房）


なお、この白い毛と黒い毛を抜かれて禿《はげ》になる話は、世界中に広がっています。（詳しいことを知りたい方は、日本印度学仏教学会「印度學佛教學研究」第57巻第2号の大妻女子大学教授・松村恒『寓話「抜髪男事」の系譜――仏教文献と世俗文献の交渉の更なる一例』を参照されるといいと思います）

## ●落語は日本的だけど、じつは世界的

コモロ諸島産というと、アロマオイルのイランイランが有名ですが、落語にもコモロ諸島産のものがあるわけです。

なお、神山重彦の『物語要素事典』(http://www.aichi-gakuin.ac.jp/~kamiyama/)によると、「お金の音で支払いをする」という類話は、十五世紀後半のトルコの『ナスレッディン・ホジャ物語』の「ホジャの名裁判」にもありますし、十六世紀のフランスの『パンタグリュエル物語』巻三之書の第三十七章にもありますし、時代はわかりませんが、京都府与謝郡伊根町泊の昔話にもあります。

近い話が、二世紀の『プルターク英雄伝』の「デーメートリオス」にもありますし、五世紀の中国の『百喩経《ひゃくゆきょう》』の「伎《ぎ》楽《がく》人の演奏の喩《たとえ》」にもありますし、時代や場所は不明ですが『掛け声の代価』という日本の昔話にもあります。

落語というと、着物に扇子《せんす》で、とても日本的ですが、じつはこのように世界とつながっています。そんなことを思いながら聞くのも、また一興《いっきょう》では。

**A** 遠くアフリカから「耳の物語」は、いくつもの大陸を渡って、アジア大陸の端っこに位置する日本までやってきて、そこで落語となって、今も現役で語られている。

［CD紹介］

『桂米朝　昭和の名演　百噺　其の三十六　しまつの極意／坊主茶屋／桃太郎』ユニバーサル　ミュージック
「鰻のかざ」は、上方落語では「しまつの極意」というケチの噺の一部になっています。

［DVD紹介］

『落語研究会　八代目桂文楽　全集』竹書房
DVD八枚組。「悋気の火の玉」の映像が入っています。ここの引用はそれを文字起こししたものです。

## 〔書籍紹介〕

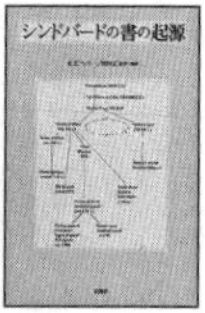


B・E・ペリー『シンドバードの書の起源』西村正身・訳　未知谷

本の半分近くは、西村正身が書いている膨大な類話・参考話で、これがすごい！　世界中の類話を把握している西村正身は、物語の世界の、とてつもない知の巨人です。ひとりの人間にここまでできるのかと信じられないほどです。物語好きな人には大推薦の本です。

関敬吾『日本昔話大成』全十二巻　角川書店

関敬吾は、柳田國男に学び、日本の昔話を世界の昔話との比較の中で研究した貴重な人物。その成果は、この昔話集にも生かされています。

『増補 落語事典』東大落語会・編　青蛙房
収録されている噺の数が多くて、なんと約一二六〇篇。なので、他の事典で見つからない噺も出てきます。一冊持っておくと便利な本です。

川崎奈月『マダガスカルの民話』論創社
現地のアフリカでもまだ文字になっていない口承文学を初めて活字化した本。アフリカに行かなければ聞けないはずの話を日本で読めるのは、ありがたい限り。『バオバブのお嫁さま——マダガスカルのむかしばなし』という本も出しておられます。

『イソップ寓話集』中務哲郎・訳　岩波文庫
「二二六　亀と兎」として入っています。

日本民話の会『世界昔ばなし（下）アジア・アフリカ・アメリカ』講談社文庫
アフリカの「亀とウサギ」の話は、この本に載っています。

『万治絵入本　伊曾保物語』武藤禎夫・校注　岩波文庫
オリジナルと比較して読むと楽しいです。

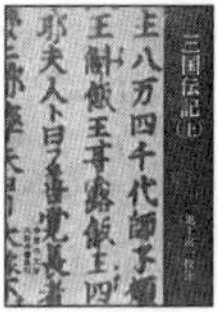


玄棟『三国伝記』上下巻　池上洵一・校注　三弥井書店
他に、安藤直太郎監修、名古屋三国伝記研究会編『三国伝記〈平仮名本〉』上中下（古典文庫）もあるそうです。

『ナスレッディン・ホジャ物語　トルコの知恵ばなし』護雅夫・訳　東洋文庫　平凡社

東洋文庫のおかげで、こういう本をちゃんと読めるからありがたいです。一休さんの頓知話のもとになった話もあったり、とても楽しめる本です。

ラブレー『パンタグリュエル物語』全五巻　渡辺一夫・訳　岩波文庫

大江健三郎の師でもある、フランス文学者の渡辺一夫による名訳です。

プルターク『プルターク英雄伝』河野与一・訳　岩波文庫

「デーメートリオス」は第十一巻に入っています。

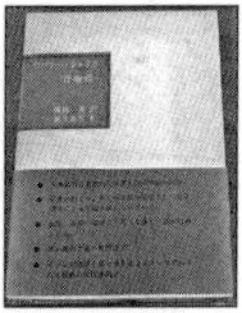

『ウパマー・シャタカ　百喩経』棚橋一晃・訳　誠信書房
一九六九年に出版された本ですが、古書での入手は可能です。

## Q24　噺家さんはどんなふうに落語を作り変えているの？

### ●よってたかってこさえる

『町内の若い衆』という落語があります。

熊さんが、兄貴分の家に行って、「こんなに立派に増築して、兄貴はえらい」とほめると、兄貴のおかみさんが謙遜《けんそん》して、みなさんのお力添えのおかげですという意味で、こう言います。

「うちの人の働きじゃなくて、町内の若い衆がこさえてくださったようなものですよ」

すっかり感心した熊さん。自分の家に帰って女房に、「おまえにこんなことが言えるか」と嘆くと、「言って見せるから、増築してごらん」と逆にやりこめられてしまいます。

くやしい熊さんは、八《はっ》つぁんに、「おれの留守に家へ行って、何かおれのことをほめて、かかあのやつがどんな返事をするか試してくれ」と頼みます。

引き受けた八っつぁん、熊さんの家に行ったのですが、何もほめるものがなくて困ります。熊さんのおかみさんのお腹が大きくなっているのに気づき、「この生活の苦しいときに、赤ん坊をこさえるとは、熊兄いはえらい」とほめます。

すると、「うちの人の働きじゃなくて、町内の若い衆がよってたかってこさえてくれたのよ」

## ●大切なのはオリジナリティだけではない

赤ん坊の場合は、よってたかってこさえたのでは困ってしまいますが、落語の場合は、よってたかってこさえているところに、その力があります。

前にも書きましたように、今は著作権ということが、やかましく言われるようになりました。他人が作ったものを、「もっとこうしたほうが面白くなるんじゃないの」と勝手に書き換えれば、法律違反ですし、道義的にも非難されます。たとえ著作権が切れていても、「同一性保持権」というのがあって、書き換えはできません。

ようするに、オリジナリティの尊重ということです。天才の書いたものに、他人が勝手に手を入れれば、台無しになることのほうが多いでしょうし、その作家の個性が失われてしまいます。

これはたしかにひとつの真実です。オリジナリティの尊重は、面白い物語を残すためには、とても大切なことです。

アポリネールはたしか「もっと面白くする自信があるときは、盗用は許される」と言っていますが、それはまた天才のみに許されることでしょうし、今では法律的に許されません。

## ●自然淘汰で完成度を上げていく

ただ、真実はひとつだけとは限りません。面白い物語を残していくためには、まったく正反対の方法がもうひとつあることを、落語が教えてくれています。

それが、みんなでよってたかってこさえるということです。

もちろんそれは、大勢で会議して作るということではありません（そういうやり方では平均的で平凡な作品しか生まれにくいようです）。ポイントはもう一つあって、何世代というような長い時間をかけるということです。ようするに、自然淘汰と同じです。

いろんな人によって話が作り変えられ（突然変異）、長い時間の間に、つまらないものはすたれていく（淘汰）。面白い変化だけが残っていき、その蓄積によって、どんどん物語が面白くなっていく。

これは、うまくいった場合には、個人の力ではとても及ばないほどのものになります。もちろん、途中で絶滅していくものもあります。

## ●『天狗裁き』の作り変え

つい最近（と言っても何十年も前ですが、古典落語の世界ではつい最近）の作り変えの例をひとつご紹介しましょう。

『天狗《てんぐ》裁《さば》き』という噺《はなし》です。

桂米朝《かつらべいちょう》が、とくに晩年にはよく高座にかけていました。

亭主が面白そうな夢を見ている様子なので、おかみさんが起こして、「どんな夢見てたん」と聞きます。

「夢なんか見てえへん」

「わたいに言えんような夢見てたんか」

とケンカに。

近所の友達が仲裁に入りますが、今度はその友達が「ほんまはどんな夢見たんや」と聞き始め、「ほんまにわし、夢なんか見てえへんのや」とまたケンカに。

大家さんが仲裁に入りますが、大家さんも「わしは口が堅い。わしにだけ、ちょっと」と言い出します。ついに大家さんに家を追い出されそうになり、奉行所に訴えます。

お奉行様は大家さんを叱ってくれますが、「夢の話、奉行にならばしゃべれるであろう」と言い出し、縛られて奉行所の庭の松の木にぶら下げられてしまいます。

そこに天狗がやってきて助けてくれるのですが、その天狗も夢の話を聞きたがり、ついに爪で身体を引き裂かれそうに。

苦しんでいると、「ちょっと、あんたあ、えらいうなされて……一体どんな夢見たん」という女房の声。

最初のシーンに戻るわけで、「回《まわ》り落ち」と呼ばれます。

## ●他の人の高座を聴き、速記を読んで、自分なりに工夫

この『天狗裁き』について、桂米朝はこう書いています。


この落語は、もうずいぶん昔のことですが、東京の十代目金原亭馬生《きんげんていばしよう》さんの放送で、私は初めて耳にしたものです。珍しいおもしろい噺……と記憶に残っていましたところ（中略）これは上方種《だね》かと思って、やってみる気になりました。

（中略）

内容、筋立ては同じながら私なりにいろいろと変えてもみました。十数年かかって一応今の形に落ち着いたのが、ここへ載せたこの速記です。

（中略）

上方落語は昭和二十六年ごろがどん底で、ほとんど滅亡寸前までいっておりました。今日、ここまで復興してきたのもお客様方のおかげと、先輩の残してくれた遺産の力かと思いますので、一つでも埋もれている落語を発掘するのは私どもの責務であると思って、及ばずながら努力している次第でございます。

（『桂米朝全集　増補改訂版』第五巻　創元社）

## ●大胆なカット

『天狗裁き』は、十代目金原亭馬生と、そのお父さんの古今亭志ん生《ここんていしよう》の録音が残っています。

どちらも、天狗が登場した後に、まだ続きがあります。

天狗の羽団扇《はうちわ》を奪って、それで空を飛んで逃げ出し、落っこちたのが大きなお屋敷。大病で寝ている娘がいて、天狗の羽団扇で治して、聟入《むこい》りします。喜んでいたら、夢だったという落ち。

（ちなみに、江戸落語で『羽団扇』という題名で演じられる場合には、落ちたところが七福神の宝船という展開になります。桂米朝はそこだけを『七福神』という演目で演じています）

桂米朝はこの羽団扇以降のくだりをばっさりカットしています。大胆なカットです。

そこまでは「夢を見ていないのに、夢の話をしろと、いろいろな人に言われる」というくり返しです。しかし、羽団扇のところから、別の展開になります。

昔話によくある、不思議な力を持つアイテムを手に入れて（ききみみ頭巾《ずきん》とか、打ち出の小槌《こづち》とか）、チャンスをつかんで出世をするという展開です。

実際、この話は、昔話に類話があります。たとえば日本だと『夢見小僧』です。

桂米朝はおそらく、「夢を見ていないのに、夢の話をしろと、いろいろな人に言われる」という展開だけに絞ったほうがいいと考えたのでしょう。

羽団扇で空を飛ぶとか、病気を治すとか、お金持ちできれいな娘と結婚できるとか、そういう魅力的な展開をすべてカットしたのですから、その思いきりはたいしたものです。

そうすることで、たしかに噺として、すっきりして、洗練されました。

また、この噺の昔話っぽさもなくなって、より落語らしくなったと言えるでしょう。

## ●どちらが残るかは、時の流れが決める

桂米朝は、それ以外にも、じつに細かくいろいろなところを変え、工夫しています。そこにはひとつひとつちゃんと理由が感じられ、決して適当に変えているわけではありません。

私は、古今亭志ん生、十代目金原亭馬生、桂米朝と、『天狗裁き』を連続で聴き比

べするのが好きです。みなさんもよかったら、やってみてください。それぞれがどんなふうに噺を工夫するのか、よくわかります。

さて、この作り変え、どちらが残っていくかは、今後の何十年、何百年が決めていくことになります。

今現在、何世代もかけて、大勢でよってたかって作っている物語は、落語だけです。そういう意味でもとても貴重です。

**A** 師匠から教わったり、他の噺家の高座を聴いたり、過去の速記を読んだりしながら、自分なりにもっとこうしたほうがいいのではと工夫する。その工夫がその噺をより高めるかどうか、残っていくかどうかは、その後の何十年、何百年が決めていく。

［CD紹介］

「町内の若い衆」
『廓噺・艶噺集成　風呂敷／町内の若い衆／引っ越しの夢』日本クラウン
十代目金原亭馬生の「町内の若い衆」が入っています。

「天狗裁き」
『五代目古今亭志ん生　名演大全集8　天狗裁き／蒟蒻問答／たいこ腹』ポニーキャニオン

『「なごやか寄席」シリーズ　十代目　金原亭馬生　天狗裁き／初天神』ユニバーサルインターナショナル

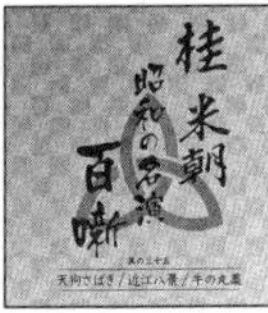


『桂米朝　昭和の名演　百噺　其の三十五　天狗さばき/近江八景/牛の丸薬』ユニバーサル　ミュージック

三者の聞き比べをぜひなさってみてください。

「羽団扇」

『二代目三遊亭円歌　7　茶釜の喧嘩/龍宮/羽団扇/てれすこ』日本伝統文化振興財団

二代目三遊亭円歌は、新潟訛りと吃音がありながら、江戸落語の名人のひとりとなった人物。「茶釜の喧嘩」「龍宮」も珍しい噺。

## 【DVD紹介】

『ほんまにとっておき米朝噺し』EMI RECORDS JAPAN

DVD四枚組。「七福神」の高座の映像が入っています。続けて、「都々逸」と「大津絵」も披露しています。

## Q25　所変われば話も変わるの？

### ●類話を比較すれば、国民性や県民性がわかる

落語の原話をたどると、世界にひろがっていることを、ご紹介しました。驚くほど遠くから、長い時間をかけて、口から口へと伝わってきます。

そうやって旅をしている間に、その途中の土地土地で、話は変化していきます。風俗や価値観などによって。

逆に言えば、同じ話が地域によってどう変化したかで、その地域の特質がわかります。

そういう「類話の変化」というのも、とても面白く、口承文学（耳の物語）ならではの楽しさです。国レベルで変わるだけでなく、同じ日本でも、県がちがえばちがってきますし、村でちがってくることも。

日本中にある昔話の類話を比較すると、そのちがいによって県民性がわかるくらいです。

たとえば「桃太郎」にも、桃が何個も流れてくるバージョンもありますし、犬、猿、雉《きじ》ではなく、牛糞や腐れ縄《なわ》がお供をするバージョンも、鬼退治に行かないバージョンもあります。興味のある方には『桃太郎話　みんな違って面白い』（立石憲利・編著　吉備人出版）をおすすめします。

## ●『三方一両損』

世界に広がっている物語で、日本に入って落語になったもののうち、とくに日本での変化が面白いものについて、今回はご紹介してみたいと思います。日本国内での地域変化も興味深いです。

それは、落ちのところだけ前にもご紹介した、『三方一両損《さんぽういちりょうぞん》』という噺《はなし》です。

三両のお金の入った財布を拾った男が、落とした男のところに届けてやります。ところが、「落とした金はもう自分のものじゃあない。拾ったお前にやる」と受け取りません。

拾った男も、「拾った金を自分のものにできるか！」と受け取らず、ケンカに。

ついには、江戸町奉行の大岡越前《おおおかえちぜん》に裁いてもらうことに。

越前は両者の清廉潔白をほめ、三両に一両足して四両とし、二両ずつを褒美《ほうび》として与えます。

「二人とも三両を受け取れるところが二両になったから一両の損《そん》。奉行も一両出したから一両の損。三方一両損じゃ」と解決します。

お金を取り合ってケンカではなく、おしつけ合ってケンカするところが面白さです。舞台は江戸の神田。江戸っ子らしい、金離れが良くて、意地っ張りで、喧嘩早《けんかつぱや》い気質が、存分に描かれています。

江戸時代から語られていた、最も江戸落語らしい噺の一つです。

## ●もとは上方の話

これがもとは上方《かみがた》の話と言ったら、「そんなバカな！」と憤慨《ふんがい》する人もいるかもしれません。なにしろ、この噺は『江戸っ子』という題で演じられたこともあるほどです。

でも、じつはそうなんです。『三方一両損』のもとは講談で、さらにそのもとは『大岡政談』の「畳屋建具屋《たたみやたてぐや》出入の事　並《ならびに》一両損裁許《さいきよ》の事」。『大岡政談』にはいろんな人の名裁きが集めてあるのですが、みんな大岡越前がやったことになっています。

この「三方一両損」の裁きも、もとは江戸時代の『板倉政要《いたくらせいよう》』という、板倉勝重《かつしげ》・重宗《しげむね》父子の業績を記録した史料に載っているもの。この父子は、京都所司代《しょしだい》。

つまり、もとは京都の話なのです。

ただ、内容がちがっています。三方一両損の裁きのところまでは同じですが、つづきがあります。

話ができすぎていると調べたら、じつは落とした男と拾った男が、褒美《ほうび》を目当てに、示し合わせてやった狂言だとわかるのです。

これを大阪の井原西鶴が『本朝桜陰比事《ほんちょうおういんひじ》』に「落し手有拾い手有」という題で書き、それが江戸の『大岡政談』に取り入れられたのです。ただし、最後のところを除《のぞ》いて。そこに、上方の好みと江戸の好みの差が表れています。

(ちなみに、板倉重宗は、安楽庵策伝《あんらくあんさくでん》に『醒酔笑《せいすいしょう》』を書くようすすめた人物でもあります。『醒酔笑』は多くの落語のもとになっていて、安楽庵策伝は「落語の祖」と言われています)

## ●さらに中国、そしてさらにインド

さて、この『板倉政要』に入っている名裁きも、じつはすべてが板倉父子のものではなく、中国からの話がたくさん入っています。『三方一両損』のもとになった話も、その一つです。

「お金の入った財布を拾って、相手が受け取らない」という名裁きの話は、じつは世界中にあって、そのすべての大もとまで遡《さかのぼ》ると、インドの仏教の教典に行き着くようです。

それが中国で漢訳され、そこから、仏教とは関係なく、面白い名裁きの話として、一方では韓国や日本に、他方ではシルクロードを通って中東に伝わり、さらにヨーロッパに広がっていったようです。

漢訳仏典『五分律《ごぶんりつ》』の巻九に載っているのは、こういう話です。

五百金の入った袋を僧侶が拾い、落とし主に返そうとしますが、落とし主は受け取らず、「千金入っていた」と王様に訴えます。僧侶は死罪になりかけますが、袋には千金は入りきらないことがわかり、落とし主の嘘が見破られます。

## ●善人と悪人の組み合わせに地域差が

この話は、各地でさまざまに変化しますが、「拾ったのは善人で、落としたほうが悪人」というパターンが多いです。もとがそうですから。

ところが、日本では「両方が悪人」というパターンに変化し、さらに上方から江戸に移るときに「両方が善人」に逆転します。

興味深いところです。

なお、作家の星新一が『名判決』という、『三方一両損』のパロディーのショートショートを書いています。大岡越前の「三方一両損」の裁きの評判を耳にした男が、仲間と組んで、二人でまったく同じことをして、大岡越前から一両せしめようとします。ところが……という物語です。

これだと落とした者と拾った者がグルだったことになるわけで、上方のバージョンに戻ったとも言えます。たまたまそうなったのか、それとも知ってのことなのか……。

**A** 所が変われば、話は変化します。これも変わるところと変わらないところがあるが、変わるところは、その地域の文化や価値観によって大きく変化する。

［ＤＶＤ紹介］

『落語研究会 古今亭志ん朝 全集 上』Sony Music Direct

「三方一両損」は、前に八代目三笑亭可楽のＣＤをご紹介しました。こちらには映像が入っております。志ん朝の江戸落語らしさも素晴らしいです。

［書籍紹介］

立石憲利『桃太郎話 みんな違って面白い』吉備人出版

岡山県内をはじめ、全国の「桃太郎」の類話を収録。地域や時代で「桃太郎」の話がどう変化したのかがわかります。類話を追及した本はあまりないので貴重。

『大岡政談』全二巻　辻達也・編　東洋文庫　平凡社

落語の「大工調べ」のもとになった「大工宿賃出入り裁許の事」も入っています。他にも有名な話がたくさん。

井原西鶴『本朝桜陰比事』麻生磯次、冨士昭雄・訳註　明治書院

この題名は中国の「棠陰比事」のもじりです。その「棠陰比事」の翻訳も岩波文庫から出ていて、ものすごく面白いので、おすすめです。

『醒睡笑 全訳注』宮尾與男・訳注　講談社学術文庫

他に、岩波文庫、東洋文庫などからも出ています。この本は、翻刻文に、現代語訳、語注、鑑賞、解説が付いているのが特徴です。

星新一『ちぐはぐな部品』角川文庫

「名判決」はこれに入っています。他にも、『殺し屋ですのよ』（未来プロモーション）、『星新一ちょっと長めのショートショート〈1〉宇宙のあいさつ』（理論社）にも入っています。

## Q26　江戸の粋《いき》と上方の粋《すい》はどうちがうの？

### ●江戸落語と上方落語

広く世界の話をしてきましたが、江戸落語と上方落語、この二つのちがいだけでも、ずいぶんちがっていますし、ずいぶん面白いです。

そのことについて詳しく書けば、それだけでも一冊の本になるくらいです。

ここでは、とても対照的な、お正月をテーマにした江戸落語と上方落語を一席ずつ、ご紹介してみたいと思います。

そのちがいも楽しんでいただければ幸いです。

### ●江戸落語『御慶』

まずは江戸落語の『御慶《ぎょけい》』。原話が江戸後期の本にあります。四代目柳家小さんから五代目小さんに継承され、古今亭志ん朝《ここんていしちょう》も演じています。

年の瀬に、借金だらけの八五郎が、かみさんの半纏《はんてん》を無理にはがして、質《しち》に入れます。そのお金で富くじを買うつもりです。

富くじというのは、今の宝くじです。一等が千両。一両あれば一家四人が一月遊んで暮らせ、十両盗めば首が飛ぶという時代の千両です。まさに一攫千金《いっかくせんきん》。「あたらなかったらどうするんだい」とおかみさんは言いますが、「買わなきゃ当たらないんだよ」と八五郎は、宝くじのキャッチコピーのようなことを言います。

じつは八五郎は、鶴がはしごの上にとまっている夢を見たのです。鶴は千年、はしごで八四五。「鶴の千八百四十五番」の札を買おうというわけです。

ところが、その札はもう売れてしまっていました。

ガッカリした八五郎ですが、自分の夢判断が正しいかどうか、易者に見てもらいます。

すると、はしごがなくても二階から飛び降りられるが、はしごがないと二階には飛び上がれない。はしごはのぼるほうが肝心。なので、八四五と読むのではなく、五四八と読むべきで、「鶴の千五百四十八番」という札を買えばいい、と易者から教えられます。

その番号を買うと、本当に千両富があたります！

大金を得た八五郎。汚い家の中を見回して、「汚ねえ家《うち》だなあ。おれはこんなところに住んでいたのか」としみじみ。

立派な裃《かみしも》（和服の男子正装の一種）を買って、お正月に年始廻りをするところで終わりです。

## ●縁起のよくないお正月落語『けんげしゃ茶屋』

お正月の落語は、こういうおめでたいものばかりかというと、逆に、縁起のよくないことを並べ立てる噺《はなし》もあります。

この落語をお正月に聞いて「験《げん》の悪いことばかり言う、いやな噺……」と思うお客もあるかも知れませんが、その痛快さに手を叩いて笑うお客のほうが多ければこそ、この落語もずっと命を保《も》ってきたのでしょう。

桂米朝（『米朝落語全集　増補改訂版』第四巻　創元社）

これは『正月丁稚《でっち》』という上方落語についての解説ですが、さらにすごい『けんげしゃ茶屋』をご紹介します。

「けんげしゃ」とは、いたって縁起を気にする人のこと。一家そろってけんげしゃの芸者の家に、お正月に旦那が遊びに行って、縁起の悪いことをさんざん言い、相手が気にして怒ったり騒いだりするのを肴《さかな》に一杯呑むという噺です。

芸者のお父さんの名前が林松右衛門《はやしまつえもん》で、還暦《かんれき》祝いに書いてもらったのが「のどかなる林にかかる松右衛門」という句。それを旦那はこう読みます。「喉《のど》が鳴る、はや死にかかる松右衛門」

おせち料理の鰊《にしん》の昆布巻《こんまき》を見ても、「棺巻《かんまき》（棺桶を布でぐるぐる巻く）」と旦那。

「中から死人《しにん》が顔を出して」

旦那が頼んであった知り合いが、葬式の行列のかっこうでやってきます。旦那が芸者を「まだ鼻垂《はなた》れ芸者やけど、国鶴《くにつる》というて」と紹介すると、「はあ、鼻も垂れるやろ。名前は首つるか」

この他にも、縁起のよくない悪洒落《わるじゃれ》が満載です。

### ● 粋《いき》と粋《すい》

お正月に、おめでたい噺を語る明朗さ、縁起の悪いことを言って笑い飛ばすバイタリティー、これも江戸落語と上方落語のちがいのひとつでしょう。

もっとも、縁起の悪い噺は江戸落語にもあります。

江戸落語と上方落語の根本的なちがいは、やはり江戸の粋《いき》と上方の粋《すい》ではないでしょうか。

漢字は同じ「粋」ですが、江戸では「いき」、上方では「すい」です。江戸では粋《いき》な人が素敵とされ、上方では粋《すい》な人が素敵とされます。

漫画家・江戸風俗研究家の杉浦日向子は、そぎ落としていくマイナスの美学が粋《いき》で、いろいろ吸収して自分を磨いていくプラスの美学が粋《すい》と説明していたそうです。わかりやすいですね。

たとえば、江戸っ子の「宵越《よいご》しの金は持たぬ（その日に稼いだ金はその日のうちに使ってしまう、金離れのよさ）」は粋《いき》ですが、粋《すい》ではないでしょう。いろいろとおいしいものを食べ尽くして、本当においしいものがわかるようになるのは粋《すい》でしょう。しかし、おいしいものを食べ尽くすような貪欲《どんよく》さは、粋《いき》ではないでしょう。

## ●「なりそこねた人」が出てくる

さて、江戸落語の『御慶』には粋《いき》な人物が出てきて、上方落語の『けんげしゃ茶屋』には粋《すい》な人物が出てきたかというと、とてもそうは思えません。

八五郎は宵越しの金は持ちませんし、一本気で、気っ風がいいです。しかし、借金だらけですし、おかみさんの着物をはぎますし、不作法ですし、粋《いき》になりそこねているように思えます。

『けんげしゃ茶屋』の旦那も、風格はあるし、遊び尽くしてはいますが、粋《すい》とは少しちがうような。桂米朝の枕《まくら》に、こんな一節があります。「だんだん年功を経てくると、もうほんまに粋《すい》の極致みたいになっていく人と、ぐーっと悪《わる》なる人の二通りがあるんやそうで」「このぐーっと悪なるというほうが、まあ我々のネタになるようですな」

江戸落語には粋《いき》になりそこねた人が出てきて、上方落語には粋《すい》になりそこねた人が出てくる。そこがちがいではないでしょうか。

そして、「なりそこねた人」が出てくるというのが、どちらもに共通するところであり、落語の愛すべきところではないでしょうか。

**A** 杉浦日向子によると、江戸の粋《いき》は、そぎ落としていくマイナスの美学。上方の粋《すい》は、いろいろ吸収して自分を磨いていくプラスの美学。落語には、どちらも「なりそこねた人」が出てくる。

［CD紹介］

「御慶」
『古今亭志ん朝　落語名人会 27　つ崇徳院／御慶』ソニー・ミュージックレコーズ
この志ん朝の「御慶」は本当に素晴らしいと思います。テンポ、勢い、華やかさ、切れ、語り口の見事さはうなるほど。何度聴いても笑ってしまいます。志ん朝独自のくすぐりも効いています。

「けんげしゃ茶屋」
『桂米朝 昭和の名演 百噺 其の十六 けんげしゃ茶屋／ひとり酒盛／道具屋』ユニバーサル ミュージック
縁起のよくないことばかり言う噺というのは、下手をすると笑えないことになるわけですが、そこは桂米朝で大変に魅力的な噺になっています。

「正月丁稚」
『〈SP盤復刻〉決定盤 初代 桂春団治 落語傑作集「チリトテチン」「喧嘩の仲裁」「逆様盗人」「正月丁稚」「チシャ医者」』コロムビアミュージックエンタテインメント
爆笑王として伝説的な存在である初代桂春團治のSP盤復刻のCDが出ています。縁起のよくないことばかり言う丁稚がとてもかわいいです。桂米朝、六代目笑福亭松鶴のものもおすすめです。

# 第四章　面白い／面白くないを分けるもの

## Q27 同じ噺でも演者で面白さがちがうのはなぜ？

### ●一字一句同じことを語っていても面白さはちがう

落語を聴き始めて、たいていの人がまず驚くのは、同じ噺《はなし》でも演者によって面白さがまったくちがうということです。

Aという噺家《はなしか》で聴いて「つまらないなあ」とあきれた噺が、Bという噺家で聴くと「面白いなあ！」と思えたりします。その差は大変なものです。

でも、いったいなぜなのか？

これは一字一句同じことを語っていても起きます。

文字で書いたものなら、一字一句同じなら、面白さも当然、同じです。しかし、語り芸の場合は、一字一句同じでも、語る人によって味わいが異なります。歌もそうでしょう。同じメロディーで同じ歌詞でも、誰が歌うかでまったくちがってきます。

つまりは、演者の力量の差ということです。これが最も大きな理由です。個性のちがいもありますが、芸の力がないと個性だけでは厳しいでしょう。

## ●同じ噺でも、内容がちがうことがある

二番目の理由としては、同じ噺でも、流派によって少し内容がちがう場合があるということです。

たとえば『芝浜《しばはま》』という噺は、三代目桂三木助《かつらみきすけ》のものが有名ですが、古今亭志ん生《ここんていしんしょう》や志ん朝《しちょう》の『芝浜』は、大筋は同じでも細部がずいぶんちがっています。内容がちがえば、面白さも当然、ちがってきます。

## ●同じ噺でも、それをどう解釈するか

三番目の理由は、解釈のちがいです。同じ噺でも、それをどう解釈するか。それによって、噺の面白さはぜんぜんちがってきます。今回は、このことについて、少しご紹介したいと思います。

これは落語に限らず、口承文学《こうしょう》（耳の物語）ではよくあることです。時間をかけて世界を旅する間に、話が変化するだけでなく、解釈が変化していくのです。

たとえば、紀元前三世紀頃の古代インドの伝承がもとになっている仏教説話集『ジャータカ』（漢訳仏典では『本生経《ほんしょうきょう》』）には、周囲からやめたほうがいいと忠告され

ていたのに、毒蛇を我が子のようにかわいがって育てていた僧侶が、咬《か》まれて死ぬ話が出てきます。

この話は世界各地に広がって行き、地域によって、育てた象に踏みつぶされる話になったり、穴に落ちた虎を助けて、その虎に食べられてしまう話になったりしています。

しかし、いずれにしても、その解釈は同じで、「悪い奴というのは、いくらよくしてやっても、けっきょく悪いことをする。だから、交際しないほうがいい」ということです。そういう教訓がはっきりと最後に語られる場合も少なくありません。

## ●日本での変化

これが、少し変化しているバージョンもあります。

たとえば日本ではこういう話になっています。

船頭が蛇から「川を渡りたいので舟に乗せくれ」と頼まれます。「咬むから嫌だ」と断ると、「おまえを咬むと俺まで川の流れに飲み込まれてしまう」と蛇が言います。

なるほどと思って、船頭は蛇を舟に乗せてやります。ところが、川の中程で、蛇は船頭に咬みつき、舟が転覆して、船頭も蛇も死んでしまいます。

同じ話だと思われるかもしれませんが、大きなちがいがあります。

こちらは、咬んだ蛇まで死んでしまいます。自分にとっても損になるのに、咬んでしまうのです。

つまり、「悪い奴というのは、悪の衝動を、自分自身でも抑えきれないものだ」というふうに、解釈が変化しているのです。より心理学的な深みを増した解釈と言えるかもしれません。

## ●アメリカ（ベトナム）バージョン

さらに、これは私が聞いた、アメリカのバージョンです（ベトナムから入ってきたようです）。

サソリがカメに、背中に乗せて川を渡らせてくれと頼みます。

カメが「刺すから嫌だ」と断ると、サソリは「刺すと俺も溺れて死んでしまうから刺さない」と言います。

なるほどと思って、カメはサソリを背中に乗せてやります。そして、川の中程までくると、サソリがチクリ。カメとサソリは溺れます。

カメが「なぜ刺したんだ?」と聞くと、サソリは「刺さずにはいられなかったんだ」

日本の話とまったく同じだと思われるかもしれませんが、じつはちがいます。

最後のカメとサソリのやりとりは、井伏鱒二《いぶせますじ》の短編小説『山椒魚《さんしょううお》』のラストシーン(後に作者によって削除されましたが)を思い起こさせます。

山椒魚は、身体が大きくなって、岩屋から出られなくなってしまい、大いに嘆いていました。そこに、たまたま蛙《かえる》が入ってきたので、山椒魚は岩屋の出口をふさいでしまいます。

「一生涯ここに閉じ込めてやる!」

山椒魚と蛙は、ののしりあっていましたが、数年が過ぎたとき、蛙は思わず、深いため息をもらしてしまいます。

山椒魚がこれを聞きのがす道理はなかった。彼は上の方を見上げ、かつ友情を瞳に罩《こ》めてたずねた。

「お前は、さっき大きな息をしたろう?」

相手は自分を鞭撻して答えた。

「それがどうした？」

「そんな返辞をするな。もう、そこから降りて来てもよろしい」

「空腹で動けない」

「それでは、もう駄目なようか？」

相手は答えた。

「もう駄目なようだ」

よほど暫《しばら》くしてから山椒魚はたずねた。

「お前は今どういうことを考えているようなのだろうか？」

相手は極めて遠慮がちに答えた。

「今でもべつにお前のことをおこってはいないんだ」

井伏鱒二（『山椒魚』新潮文庫）

これが『山椒魚』のラストです。

サソリとカメの話のカメも、もしかすると、カメはサソリのことを怒っていなかったかもしれません。なぜなら、サソリのような弱さは、誰もが持っているからです。

ここではもはや「悪人は」という限定がなくなっています。「人間」の話です。

「人間というのは、自分にとって損になるとわかっていても、衝動を抑えられない場合がある」という、とても普遍的な深い解釈になっています。

最初は「悪人とはつきあうな」という解釈だったのが、ここまで変化しているわけです。そうすると、同じ話でも、ずいぶん味わいがちがってきます。

落語でも同じことがあります。それについては、また次回に。

**A** 同じ噺でも演者によって面白さがちがうのは、力量がちがうから。あるいは、内容がちがうから。あるいは、解釈がちがうから。解釈のちがいは、噺の味わいを大きく変える。

［CD紹介］

「芝浜」
『落語名人会14　古今亭志ん朝　芝浜／百川』ソニー・ミュージックレコーズ
三代目桂三木助のものは前にご紹介したので、今度は古今亭志ん朝です。ずいぶんちがうものだと感じていただけると思います。

## [書籍紹介]

『ジャータカ全集』全十巻　中村元監修・補註　藤田宏達・訳　春秋社
五四七もの物語が入っていて、「イソップ物語」や「アラビアンナイト」や日本の「今昔物語集」にも影響を与えています。

井伏鱒二『山椒魚』新潮文庫
自選全集に収録する際に、ここで引用した結末部分が、井伏自身によって削除されました。この文庫には削除前のものが掲載されています。

## Q28 嫌いだった噺を好きになることがあるのはなぜ？

### ●大嫌いな『しの字嫌い』を大好きに

同じ物語でも、語り手の解釈が異なると、面白さも異なってくるというお話を、前回させていただきました。

落語でも、もちろん同じことが起きます。

たとえば、これは桂米朝《かつらべいちょう》の師匠である四代目桂米團治《かつらよねだんじ》が書いていることです。

筆者の最も嫌いな噺《はなし》の一つに『シの字嫌い』があった。あんな不自然な、作為《さくい》瞭々《りようりよう》とした筋は、数ある落語中でも拙作《せつさく》という方からいって、まさに一方の雄《ゆう》たるを失わぬものだ。

（『四世桂米團治寄席随筆』岩波書店）

『しの字嫌い』というのは、ご隠居《いんきよ》が、下男の清蔵《せいぞう》に、

「『し』のつく言葉は、『死ぬ』『しくじる』など、縁起がよくないから、『し』の字を口にするのを一切禁止する。もしお前が先に言ったら一年間無給、わたしが先に言ったらなんでも好きなものをやる」

と言い出す噺です。

ご隠居はなんとか清蔵に「し」のつく言葉を言わせようとたくらみますが、うまくかわされ、自分のほうが先に言ってしまいます。

これが主人と下男との悪智恵競《くら》べに終れば世にもばかばかしい作り噺で、落語として最も尊ぶべきあと味というものがさらにない。

（同前）

ところが、「圓馬《えんば》のこれを聴いて心から感心した」というのです。

圓馬によって示された点は、あの清蔵なる下男が決して他の演者がやるように、主人に逆らったり、わざと癪《しゃく》に触るような事を言って怒らせるという意志は全然持っていないという事だ。さらにこの男はこれも多くの演者がやるような奇智縦横の人物では決してない。ただ主人の無理ないいつけを、柔順に正直に守っているに過ぎないのである。それを主人は自ら造った罠《わな》に自ら落ち込んで勝手に困ったり怒ったりするところに本当の可笑味《おかしみ》があるのだった。

（同前）

ようするに、清蔵のキャラクターに対する解釈のちがいで、同じ噺でもぜんぜんちがってくるというわけです。

「ただそれだけの違いか」

などともしおっしゃる御人《ごじん》があれば、小生は机を一つボンと叩かしてもらう。しかりただそれだけである。しかしただそれだけの違いがすなわち名人と庸人《ようじん》との差違《さい》なるものにほかならぬ。

（同前）

なお、ここで語られているのは二代目三遊亭圓馬のことで、この人今や亡く、その芸風を襲《おそ》う者また絶《た》えてない今日《こんにち》になれば、小生は再び頑固に『シの字嫌い』を拒否する事、旧《きゅう》の如《ごと》し。

（同前）

と桂米團治は書いています。

この二代目圓馬の推薦で三代目を襲名した圓馬から教わって、六代目三遊亭圓生《さんゆうていえんしょう》が『しの字嫌い』をしばしば演じていて、そのＣＤは今も入手可能です。

## ●継母にいじめ殺された与太郎を、さらに笑い者に

こうした解釈のちがいで、嫌いだった噺を好きになった経験が、私にもあります。

それは、こんな短い噺です。

与太郎の母親が亡くなって、後妻が家にやってきます。

ところが、この継母《ままはは》が与太郎をひどく憎んで、ぶつ、つねる、蹴飛ばす、ひどい目にあわせます。

とうとう責めに責めて、責め殺してしまいました。

ぼんやりして何にも気にしないような与太郎でも、さすがに悔《くや》しかったらしく、毎

晩化けて出るようになりました。

ところが、自分の家に出ないで、近所のいろんな人の家に出てきます。

「昨日の夜、俺のところに出たよ。与太郎の幽霊が」

「わたしのところには、一昨日よ」

「こっちは三日前だ」

「こんなに化けて出るところをみると、よっぽど恨めしいんだろうなあ」

「だけど、恨めしいんなら、自分の家の、あの継母のところに出ればいいじゃないか。なんだって、よその家にばかり出るんだ?」

「ははは、そこが馬鹿だからよ」

というのが落ちです。

継母にいじめ殺された与太郎を、さらに馬鹿だとみんなで笑いものにする。これはさすがに笑えない気がしていました。

## ●言い方ひとつで、ぜんぜん別の噺に

しかし、この噺は、言い方ひとつでずいぶん印象がちがってきます。

つまり、「馬鹿だからよ」を、本当に馬鹿にした感じで言うか、それともしんみり

した感じで言うか。

しんみりした感じで言った場合、そこには「自分をいじめ殺した母親のところは怖くて、出られない。それで他のところに出ているのではないか。他のところに出ても意味はないのに」というニュアンスが出てきます。

そうすると、これはとたんに深い噺になってきます。

たとえば、ある女性にひどい目にあった男性が、女性不信になり、他のやさしい女性をひどい目にあわせたりします。なぜ、当の女性に復讐しないのかというと、それはやはり怖いからです。人は、自分をひどい目にあわせた相手というのは怖くて、つい関係ない、怖くない人に復讐をしてしまいがちなのです。

そういう人間の哀しい心理までをとらえてこそ、落語というものでしょう。

**A**　解釈のちがいで、同じ噺でも、まったく別物になる。だから、大嫌いだった噺を大好きになるのは、充分にありうること。こういうことが起きるのも、「耳の物語」ならでは。

## [CD紹介]

「しの字嫌い」
『六代目　三遊亭圓生集（2）しの字嫌い／掛取万歳』テイチクエンタテインメント
Sony Music Shopで販売されている『圓生ライブ名演集』にも収録されています。

「与太郎の噺」
『圓生百席32　錦の袈裟／猫怪談／鼠穴』ソニー・ミュージックレコーズ
「猫怪談」の枕で、この与太郎の噺を語っています。ただし、他の「猫怪談」の音源では語っていません。この百席のみです（私の知る限りでは）。

# Q29 ギャグで笑わせてはいけないとは？

## ●「くすぐり」と「噺で笑わせる」はどうちがう？

昔、テレビで桂枝雀《かつらしじゃく》がこんな話をしていました。
弟子入りして、初めて高座に上がったとき、どっかんどっかん笑いをとって、大成功と喜んでいたら、後で師匠の桂米朝から、あれではいかん、噺《はなし》で笑わせていない、と、お酒を飲みながら、しみじみ言われたそうです。
これは桂米朝の師匠の四代目桂米團治《かつらよねだんじ》も言っていることです。

落語は絶対にくすぐってはいけない。くすぐりは落語を滅亡に導く恐るべき大敵である。

（『四世桂米團治寄席随筆』岩波書店）

とまで強調しています。

「くすぐり」というのは、落語の中の笑わせる部分、ギャグのことです。身体をくすぐるということからきています。

くすぐって無理に笑わされるよりは、面白い話で笑わせてもらうほうが、そりゃあいいですね。

でも、落語の場合、お客をくすぐっているわけではなく、ちゃんと口で笑わせています。それの何がいけないのか？

落語はそもそも笑わせるものでもあります。それで笑わせてはいけないというのは、「この橋渡るべからず」のような難問です。

「くすぐり」と「噺で笑わせる」はどうちがうのか？

今回はこの疑問について、ご一緒に考えていければと思っています。

## ●まずは辞書をひいてみると

「くすぐり」を『大辞林』で引くと、「演芸や文章などで，観客・読者の笑いをことさらそそろうとすること」。

この「ことさら」というのがポイントかもしれません。

次に、Wikipediaで「くすぐり」を調べると、「演者が本筋とは直接関係がない駄《だ》洒落《じゃれ》や内輪ネタでことさらに観客の笑いを取ること」。

「本筋とは直接関係がない」というあたりが「噺で笑わせる」とのちがいを表していそうです。

## ●怪談噺『豊志賀の死』のくすぐり

では、具体例で見てみましょう。

怪談噺『豊志賀《とよしが》の死』の中のワンシーンです。

稽古屋《けいこや》の女師匠の豊志賀が、新吉《しんきち》という若い恋人を追いかけて、新吉のおじさんの家までやってきます。

病身の豊志賀を気遣って、駕籠屋《かごや》を呼んで家まで送ろうとしたときに、使いの者がやってきて、豊志賀が自宅で死んだと告げます。そんな馬鹿な、今ここに来て、駕籠に乗せたところなのにと、駕籠のたれをめくってみると――誰もいません……。

ぞっとさせるシーンですが、ここで新吉が駕籠屋に「ノってるかーい？」と聞き、駕籠屋が「ノってるよー！」と答えるというくすぐりを入れた噺家がいて、どっとウケていたそうです。

これはくすぐりというものを考える好例だと思います。

このギャグは、本筋とは関係ありません。なくてもいいものですし、むしろ怪談噺の雰囲気をぶち壊《こわ》しています。そして、駄洒落です。さらに時代性があって、ずっと使い続けられるものではありません。

しかし、これを入れることの効果もあります。怪談噺なので、気分が重くなります。そこに軽い笑いを入れることで、観客はほっとします。また、自分が今まで噺に深く入り込んでいたことを自覚し、ふっと我に返って、緊張がほどけて笑ってしまいます。

つまり、このくすぐりがどっとウケたのは、安堵《あんど》感《かん》と解放感のためでもあり、それだけ噺に集中していたからこそです。駄洒落なのは、あえて軽い笑いにしているわけです。また、時代性に関しては、その時代に合わせて、更新していけばいいだけのことです。

ですから、くすぐりというのは単純に否定できるものではありません。漫画の神様の手塚治虫も、シリアスな展開の途中で、急にヒョウタンツギというわけのわからない生き物の絵を挿入したりします。

ただ、別の漫画家が、「ヒョウタンツギのようなものを出すのは難しい」と書いていました。自分がやると、話が壊れるだけになってしまい、まるで面白くないと。つまり、話が面白く、読者が夢中になっているからこそ、成り立つのです。そういう土台が必要なのです。

## ●「節がつくだけなさけねえ」と、なるかならないか

『寝床』という落語で、下手の横好きで義太夫《ぎだゆう》を語る旦那が、お客たちがちゃんと聴いてくれないので怒ります。

「悲しいところは、本を素読みにしても涙の出るように書いてある、それへわたしが節《ふし》をつけて語っているんだ」

「節がつくだけなさけねえ」とお客。

落語も、長年の口伝《くでん》によって、そのままでも面白いものになっています。しかし、語られることで、より面白くなったり、面白くなくなったりします。

まずは落語が本来持っている面白さを引き出すように語ることが肝心で、「噺で笑わせる」というのはそういう意味でしょう。

そして、くすぐりが生きるのは、ちゃんと噺で笑わせているときです。そうでないと、のめり込んでもいないところにヒョウタンツギばかりが出てくるようなことになります。

「くすぐりは落語を滅亡に導く恐るべき大敵である」とは、手っ取り早く笑いをとる

ために面白いくすぐりの工夫にばかり走ってはいけない、まずは土台である噺をきちんと語ることが大切だという戒《いまし》めでしょう。

そのくすぐりにもじつは松竹梅があるそうです。次回はそのことについて。

**A** ギャグで手っ取り早く笑いをとろうとするのではなく、まずは噺自体の面白さを充分に引き出すことに努めるべき、という意味と思われる。くすぐりはその上で成り立つものだと。

## [CD紹介]

「豊志賀の死」
『十代目金原亭馬生　ベスト オブ ベスト　明烏／真景累ヶ淵〜豊志賀の死〜』日本コロムビア
「真景累ヶ淵」の一部ですが、「豊志賀の死」のみを独立した作品として味わうなら、馬生のものが素晴らしいです。他の誰ともちがいます。文中でご紹介したギャグはもちろん出てきません。

「寝床」
『〈COLEZO! TWIN〉落語　八代目桂文楽セレクト』日本伝統文化振興財団
「寝床」も収録されています。最初に聴くなら、やはり名人文楽でしょう。古今亭志ん生や桂枝雀などと聴き比べてみると面白いと思います。

［書籍紹介］

手塚治虫『ブラック・ジャック10』手塚治虫文庫全集　講談社
ヒョウタンツギはいろんな作品に出てきますが、たとえばこの本の収録作「二人三脚」の中で、手術中という緊迫したシーンで、心電図にヒョウタンツギが出てきて、ブラック・ジャックが「この患者はなおるぜ！」と言います。

## Q30　くすぐりにも松竹梅があるとは？

**●面白ければそれでいいとは言うものの**

落語の中で、笑いをとる部分のことを「くすぐり」と言います。言葉でお客さんをくすぐって笑わせるわけです。

このくすぐりにも松竹梅、つまり上質なものとそうでないものがあります。と言うと、なにか教養主義的で、「笑いに上質も粗末もあるものか。面白ければいいんだ」と反発したくなる人も多いかもしれません。

でも、比べてみると、「ああ、たしかにこのくすぐりは素晴らしいなあ」と感嘆してしまうものがあるのも事実。

今回は、そういうくすぐりのあれこれについて、見てみたいと思います。

## ●「松」のくすぐりとは？

まず、最も見事なくすぐりとは、どういうものでしょうか？

前回ご紹介したように、落語は「噺《はなし》で笑わせる」ことが最上とされています。関係ないギャグなど挟《はさ》まずに、物語自体の面白さで笑わせるということです。

とすれば、くすぐりも、噺の流れに沿った、噺をより深め、豊かにするもののほうがいいでしょう。最初は挟み込まれたものでも、いつか溶け込んで、噺の一部となるような、そういうくすぐりこそ、最上でしょう。

以前に『質屋蔵《しちやぐら》』という噺をご紹介しました。

「質屋の三番蔵から夜な夜な化け物が出る」という近所の噂《うわさ》を耳にした質屋の旦那が、

腕っ節の強い熊五郎を呼んで、化け物の正体を見極めようとします。呼ばれた熊五郎のほうは、旦那から何か叱られるものと勘違いし、先にあやまったほうがいいだろうと、お店のお酒を盗んで毎晩自分の家で飲んでいることや、お店の漬け物を盗んで毎晩自分の家で食べていることなどを、次々と白状してしまいます。

その後で、熊五郎と番頭さんとで、一晩中、蔵の見張りをすることになるのですが、二人とも臆病で、がたがたしています。こんなときは酒を飲まなければと熊五郎は、旦那が出してくれた酒を飲むのですが、このとき、ひと言。

「ええ酒やなあ。うちのんと一緒や」

これでお客さんはどっと笑います。これは桂米朝が新しく入れたくすぐりだそうです。

「うちのんと一緒や」という言葉自体は、ギャグでもなんでもなく、面白くもなんともありません。でも、前に「お店のお酒を盗んで自分の家で飲んでいる」というくだりがあるので、このセリフでそれを思い出し、ああそういえばそうだったと笑うわけです。

噺の流れがあるからこそ、この言葉がくすぐりになるわけです。そして、このくすぐりによって噺がさらに面白くなります。まさに噺で笑わせるのを補強しています。

松竹梅でいえば、これこそ松のくすぐりではないでしょうか。

## ●「竹」のくすぐりとは？

次に見事なくすぐりとはどんなものでしょうか？

『愛宕山《あたごやま》』という噺があります。

旦那が、芸者とたいこ持ちを連れて、山遊びをします。

崖の上から谷底の的《まと》を目がけて「かわらけ」を投げる「かわらけ投げ」を旦那がするのですが、なんと、からわけの代わりに小判を投げます。しかも三十枚も。

この小判が惜しくてたまらないたいこ持ちは、命がけで崖の下に降ります。ところが、上にあがることができません。そのあたりは狼が出るとのことで、「欲張りー。狼に食われて、死んじまえー。先に帰るぞー」と上から旦那に言われてしまいます。
・たいこ持ちは、なんとか上にあがろうと工夫を始めるのですが、そのときに言うひと言が、「狼にはヨイショがきかないんだから」
ここはとてもウケます。これは古今亭志ん朝《ここんていしちょう》が入れたくすぐりだそうです。

これ自体、面白い言葉でもありますが、この噺の中で、このたいこ持ちが、それこそヨイショで生きてきたような、いい加減な人間というふうに描かれているから、よけいに面白いのです。

また、このセリフによって、たいこ持ちのキャラがより生き生きと伝わってきます。この人物のおかしみがより出てきます。

この言葉を笑うというより、ここでは、このたいこ持ちのキャラクターを笑っているわけです。

このように、ある人物のキャラクターや心理を深く描き込むくすぐりこそ、竹と言えるのではないでしょうか。

## ●「梅」のくすぐりとは?

最後の、梅のくすぐりは、噺の流れと関係のない、人物のキャラクターや心理を描くことにもならない、その場限りの駄洒落《だじゃれ》や冗談や楽屋落ちなどということになるでしょう。

ただ、そういうものも、使い方次第で、とても効果的です。

たとえば六代目三遊亭圓生《さんゆうていえんしょう》が『ちきり伊勢屋』という一時間半くらいかかる長い噺をじっくり語り込んだ最後のところで、綺麗な女性に「吉永小百合と申します」と名乗らせます。

これは上質なくすぐりとはとても言えません。むしろ、そうとうお粗末です。でも、だからこそ、お客は不意にリラックスさせられて、どっと笑います。

名人芸で長時間語り込んできて、お客が話の中にすっかり入り込んでいるからこそ、あえてくだらないくすぐりが、特別な効果を発揮します。お客の肩の力を抜かせて、そのまま噺をスムーズに終わらせることができるのです。

というわけで、くすぐりに松竹梅はあるものの、それぞれの役割があり、けっきょく、用い方次第なのかもしれません。

**A**　松のくすぐりは、噺自体の面白さをより深め豊かにするもの。竹のくすぐりは、登場人物のキャラクターや心理を描くもの。梅のくすぐりは駄洒落。ただし、それぞれの役割があり、用い方次第。

## ［CD紹介］

「愛宕山」
『落語名人会3　古今亭志ん朝　愛宕山／宿屋の富』ソニー・ミュージックレコーズ
先に桂米朝の「愛宕山」のCDをご紹介しましたが、今度は古今亭志ん朝です。志ん朝の三百人劇場での高座はどれも素晴らしく、これもそのひとつです。

「ちきり伊勢屋」
『落語CDブック　人形町末広　圓生独演会』小学館
この噺は面白くないと言われることがありますが、とんでもないことで、これに収録されている、長いほう（上下に分かれている）「ちきり伊勢屋」は、絶品中の絶品で、長い噺のよさというものを堪能できます。

# Q31　噺家それぞれの味とは？

## ●爆笑落語の名人たちが落語ファンを増やしてきた

落語の笑いについて書いてきました。今回は「あえて笑いを減らす」ということについて考えてみたいと思います。

笑いが多いほうが、多くの人に好かれるのは間違いありません。

たとえば、初代桂春團治《かつらはるだんじ》は、ギャグを機関銃のようにくり出し、一部の落語好きからは「邪道」と非難されながらも、爆笑王として絶大な人気を誇りました。

昭和の名人、五代目古今亭志ん生《ここんていしんしょう》も、独自のくすぐりをたくさん噺《はなし》に盛り込んだことが、人気が沸騰《ふっとう》した理由のひとつです。

平成に入ってから亡くなった二代目桂枝雀《かつらしじゃく》の爆笑落語は、落語に関心のなかった人たちまでひきつけ、どれほど落語ファンを増やしたかしれません。

これらの噺家はいずれも、土台がしっかりしています。ふざけたりおどけたりして人気をとっているだけでなく、それらをすべて取り去ったとしても、きっちり噺だけで聴かせることができます。噺自体の面白さで笑わせることのできる人たちなのです。その上で、笑いをふんだんに盛り込んでいるのですから、それは人気が出ないはずはありません。

では、このやり方がベストなのか？　噺だけでちゃんと笑わせられるだけの力を身につけ、その上で笑いをなるべくたくさん入れるほうがいいのか？

## ●あえて笑いを減らす

そうではないということを、体現してくれている噺家がいます。

それが十代目金原亭馬生《きんげんていばしょう》です。

私は落語を聴き始めた頃、古今亭志ん生の長男が金原亭馬生で、次男が古今亭志ん朝《し ちょう》ということを知らなくて、この三人の語り口があまりに似ているのを不思議に思っていました。

それくらい似ている三人ですが、落語のやり方はかなりちがっています。

たとえば、こういう小咄《こばなし》があります。（以下、ＣＤから私が文字起こししたものです）

商売がいろいろございますが、耳の掃除をして歩いた商売があった。耳かきをいくつも持って、「耳の掃除をしましょう！」なんて。

「俺のやってくんねぇか」

「へいっ、よろしゅうございます」

「いくらだい？」

「上、中、下がありますがな」

「ふーん。上てぇと、なにかい、丁寧《ていねい》にやるのかい？」

「いえ、耳かきがちがいます」

「ふーん。どういうんだい、上は？」

「耳かきの先に金が付いとりましてな」

「あー、贅沢《ぜいたく》だねぇ。その次は？」

「象牙でございます」

「いちっばん安いのはなんだい？」

「釘のお尻で」

そんなもんでやられたひにゃあ、耳なんか壊れちまいますから。

古今亭志ん生「あくび指南」（『古今亭志ん生　名演大全集18』ポニーキャニオン）

金も象牙も高級です。金銀と言っているようなものです。当然、次には銅にあたるものがくると思うと「釘のお尻」。

前の二つと比べて、すごく差があります。そのとんでもない落差に意表をつかれて、わっと笑いが起きます。

理屈から言うと、上中下の差はもっと均等であるはず。でも、爆笑を誘うのは、ありえないほど不均等だからこそ。理屈抜きの笑いということです。

古今亭志ん朝も同じようにやっています。

ところが、金原亭馬生はちがいます。

「上ってな、なんだい?」
「金の耳かきで。あたりがやわらこうございますよ」
「ふーん。中ってえなあ?」
「えー、普通の竹でございます」
「ふーん。下てえなあ?」
「釘でございます」

金原亭馬生「あくび指南」（『十代目金原亭馬生　十八番名演集十二』日本コロムビア）

上中下の中を「竹」にしています。そうしたことで、上中下の間隔がかなり均等になりました。このほうが真っ当です。でも、落差がない分、笑いは減ります。

父親と同じにやればいいのに、なぜ変えたのか？

ここに馬生の凄味《すごみ》を感じます。あえて笑いを減らすなんて、なかなかできることではありません。

馬生はこういうふうに語っています。

　最初の頃はあたしもオヤジさんのような感じの噺をしていたんですが、途中でこれじゃあいけないってんで、変えたんです。まあ、そう思ったのは二十年くらい前なんですがね。そうしたらオヤジさんが、

「何だ、お前の噺はちっとも面白くねええじゃないか」

　って言うんです。

「これからはお父っつぁんと違う演《や》りかたをしないと、俺、駄目になっちゃうから……」

「何言ってんだ。俺が演りゃあ客がわーっと笑うんだから、俺の言う通りにやれっ」

もう喧嘩別れになっちゃってね。今、どうやらこうやら食べられるのは、あの時オヤジさんとああなったけど、自分なりに変えたからだと思うんです。

(『志ん生、語る。――家族、弟子、咄家たちが語る内緒の素顔』岡本和明　アスペクト)

これは推測でしかありませんが、理屈抜きの笑いは志ん生だから成り立つことであって、自分には合わないと思ったのではないでしょうか。

たとえば、リンゴの木とミカンの木があったとして、リンゴのほうがみんなに人気だったとします。

ミカンの木が、じゃあ、自分もなるべくリンゴ味の実をならせようと頑張ったとしたら、どうでしょう？　リンゴ味のミカンはおいしいでしょうか？

それよりも「最上のミカン」の実を目指したほうが、ずっとよくはないでしょうか。

そして、ミカンのほうが好きという人だっているのです。

## ●もっとおいしい味を目指さず、自分の味わいを極める

十代目金原亭馬生にはこういうエピソードもあります。

志ん生が十八番としていた『火焔太鼓』という噺に出てくる火焔太鼓を、志ん生は簡単に持ち歩くのですが、馬生は「もっと大きなもののはずだから」と荷車に乗せて持って行くようにしたのだそうです。すると、志ん生から「おまえはそれだからダメなんだ」と叱られたというのです。

馬生は、ただ生真面目《きまじめ》で融通《ゆうずう》がきかなかったのでしょうか？　とてもそうは思えません。

金原亭馬生の落語には他の噺家にはない味があります。それは他のもっとおいしい味を目指さず、自分の味わいを極めたからではないかと思うのです。

そういうふうに、それぞれの噺家が、自分の味を出すからこそ、同じ古典落語でも、語る人によってまったくちがう味が楽しめるのではないでしょうか。

それはたんに個性ということではなく、その個性の最上を目指す努力です。

**A**　もっとおいしい味を目指すのではなく、自分の味わいの最上を目指すからこそ、噺家それぞれの味が、お客を魅了する。

# [CD紹介]

「あくび指南」

『五代目古今亭志ん生　名演大全集　18　あくび指南／うなぎの幇間《たいこ》／お初徳兵衛』ポニーキャニオン

「吉原《なか》へツーッと行くってえと」というあたりは、志ん生でなければ出せない味で、とても楽しい高座です。

『志ん朝三十四席』NHKエンタープライズ

DVD八枚とCD五枚のボックスで、CDのほうに「あくび指南」が入っています。『県民ホール寄席』というCD二十枚のボックスにも別の音源が入っています。

『十代目　金原亭馬生　十八番名演集（十二）目黒のさんま／あくび指南』日本コロムビア

父の志ん生、弟の志ん朝とはまったくちがう、独自の世界が展開します。個人的には、「あくび指南」という不思議な噺の面白さを最も引き出しているのは馬生だと思います。

「火焔太鼓」
『古今亭志ん生　名演大全集　1　火焔太鼓／黄金餅／後生うなぎ／どどいつ、小唄』ポニーキャニオン
志ん生の「火焔太鼓」の素晴らしさは説明不要でしょう。金原亭馬生の音源もＮＨＫラジオのものがあるようですが、おそらく市販はされておらず、私は聴いたことがありません。

【書籍紹介】

岡本和明『志ん生、語る。――家族、弟子、咄家たちが語る内緒の素顔』アスペクト
貴重な証言がいろいろと詰まっています。また、志ん生の幻の音源「小僧とぼた餅」「庭蟹」を初収録したＣＤも付いています。

# Q32 なぜ落語はひとりで演じるの？

## ●落語ファンを増やすための改良案

「落語は面白いから、とにかく一度、寄席に行ってみて！」とすすめられて、行ってみたことのある人は少なくないと思います。

しかし、まえがきにも書いたように、そこですぐに「面白い！」となる人は少なく、たいていは「面白くなくもないけど、また来るほどではないかな……」「どちらかと言えば、面白くないかも」「何が面白いのか、さっぱりわからない！」となってしまう人のほうが、残念ながら圧倒的に多いでしょう。

そうなってしまう理由については、これまでもさまざまに書いてきました。今回は「改良案」を出してくる人たちの意見に耳を傾けてみたいと思います。

## ●落語を大勢で演じるという案

今はなんでもビジネス目線で考える、いわゆる意識の高い人たちが多いので、寄席で落語を一度見ただけでも、たちまち「もっとこうしたほうがお客が集まる。時代に合わせて落語も変えていかないと」と忠告し始めたりします。

そういう中で、少し前ですが、面白いことを言う人がいました。たしか、ビジネスの世界で成功している人だったと思います。

こういう意見でした。「落語はひとりでやっているから、地味だし、わかりにくい。大勢で演じたら、わかりやすくなるし、華やかになって、もっとお客も呼べる」というのです。

もちろん、トンデモ意見であり、軽い炎上状態になっていました。サッカーは足しか使わないから、手も使ったらもっと面白くなる、と言っているようなものです。

しかし、初めて落語を聴いた人の素朴な意見というのは、やはり耳を傾ける価値があると思うのです。

この人は意識高い系だから堂々と発言しただけで、実際には、心の中で同じことを思っている人はとても多いと思うのです。

## ●なぜ落語はひとりで演じるのか？

もちろん、耳を傾けると言っても、「じゃあ、大人数でやってみよう」「わかりやすくしていこう」ということではありません。

そんな試みもあってもいいかもしれませんが、それはあくまで客寄せの入り口としてであって、本当に落語そのものを変えてしまったら、元も子もありません。

○のよさをいかにしてわかってもらうかであり、わかってもらうために、○を□や△に変えてしまったら、○のよさはむしろ決定的に失われてしまいます。

そうではなく、こうした意見によって、むしろ落語ならではのよさというものに、さらに自覚的になれるのではないかということです。

落語好きにはすでにあたりまえになっていて気づきにくい魅力に、あらためて気づき、それをまだ落語を知らない人たちに伝えていけるのではないかということです。

この改良案を出した人は、「落語は演者がひとりで地味だ」と言っています。「ひとりで何人も演じ分けているからわかりにくい。何人もで、それぞれの役をやったほうがいい」と言っています。これはたしかに一理あります。

では、なぜ落語はひとりなのでしょうか？

なぜ演劇の発達によって淘汰《とうた》されてしまわなかったのでしょうか？

ひとりというところによさがあるからにちがいありません。

## ●ひとりを見つめるということ

では、なぜひとりがいいのか？

何人もいる演者を見つめる場合と、たったひとりを見つめるのとでは、見つめる濃度がちがってきます。

大勢が演じている場合には見逃すちょっとした所作《しょさ》でも、ひとりだけを見つめている場合には見逃さなくなります。

ひとり分の情報量しかないわけで、それを地味とか退屈とか感じるのも、もちろん当然です。

しかし、そこを通り過ぎると、だんだん見方が「細《こま》やか」になってきます。他に見るものも聴くものもないのですから、ちょっとした所作も見逃さず、ちょっとした声の変化も聴き逃さなくなっていきます。

## ●なぜあえて所作を小さくするのか？

たとえば、同じ古典芸能でも、大勢で演じる歌舞伎などの場合は大きな動作がかなりあります。見得《みえ》を切ったり、頭をぐるぐる回したり。

能の場合は、演者は少数です。ひとりの舞が中心です。能の表現はとても切り詰められています。ごくわずかな動きで多くを表現します。これは演者がひとりでなければ、とても成り立たないことです。

なぜ、あえて所作を小さくするのか？　そうすることで、見るほうの見方が細やかになっていくから、ということもあるのではないでしょうか。

## ●細やかさの中でしか伝えられないことがある

細やかさの中でしか伝えられないこともあります。

薄味によってしか伝えられない微妙な味わいがあるように。

大きな音の出ない古楽器にしか出せない音があるように。

大声ではなくささやくような小さな声でしか伝えられない気持ちがあるように。

細やかさというものは、とても大切なものです。

昔の落語家は、あえて最初、小さな声で語り始めたそうです。よく聞こえないので、みんな身を乗り出して聞き耳を立てます。そうすることで話に集中させるのだそうです。

しかし、それだけでなく、「細やかな世界」に誘い込むということでもあったのではないでしょうか。

大勢で華やかにやったのでは伝えることのできない、細やかな世界。そのことについて、さらに次回、考えてみたいと思います。

**A**　落語をひとりで演じるのは、もちろんたくさんの理由があるが、ひとつには、「細やかな世界」に誘い込むためでは。

# Q33 同じ噺を何回でも聴けるのはなぜ？

## ●同じ風景でも見る目で変わる

小説家の安部公房が創作ノートに記していた言葉です。

失明宣告を受けた人間が、最後に見る眼で、街を描写すること――

（『安部公房全集』25巻　新潮社）

なんでもない風景でも、そういう眼なら、とても細《こま》やかに見ることができます。ある若者向け雑誌が懸賞小説を募集したところ、九割の作品で病気で死ぬ人が登場していたそうです。そういう登場人物がいると、普通にご飯を食べても、道を歩いても、すべてが貴重で、書くほうも読むほうも、眼差しが細やかになります。

私自身の経験でも、難病になった後、それまでまったく意識していなかった、雑草の美しさ、鳥の声、木洩《こも》れ日のきらめきといったものに、すごく細かく気づくようになりました。

思えば私はそれまで、人生をあらすじで生きていました。何をしたか、何ができるのか。言葉にして語れるような大きな出来事。みそ汁がおいしいというような小さなことには、まるで重きを置いていませんでした。

芥川龍之介はこう書いています。

　日常の瑣事《さじ》を愛さなければならぬ。雲の光り、竹の戦《そよ》ぎ、群雀《むらすずめ》の声、行人《こうじん》の顔、――あらゆる日常の瑣事の中に無上の甘露味《かんろみ》を感じなければならぬ。

芥川龍之介（『侏儒《しゅじゅ》の言葉』青空文庫）

## ●落語が生き残っている理由

前回、落語がひとりで語られるのは、そういう「細やかな世界」が大切だからではないかと書きました。ひとりの演者に注目することで、わずかな動き、わずかな声の変化にも気づけるような、細やかな見方をお客のほうもだんだんしていくようになるのではないかと。

もちろん、語り芸がひとりで語るものなのは、自然発生的なものだと思います。面白い話を聞いた人が、みんなにそれを話す。その話の中にいろんな登場人物が出てくるので、それを語り分けながら話す。そういうのがうまい人が、語りの専門家になっていく。落語に関していえば、御伽衆《おとぎしゆう》とか、辻説法《つじせっぽう》とか、いくつかルーツがあって……。

でも、結果として、ひとりで語る世界の「細やかな魅力」というものが、これほど他に派手なメディアができた後でも、落語という、おじさんが着物を着てひとりでぶつぶつしゃべる芸能が生き残っている理由だと思います。

## ●大勢より、ひとりの語りのほうが魅力的なことも

たとえば、母親の語り聞かせが、母親ひとりによって行われることが多いのも、自然発生的なものです。

しかし、発生はそうでも、子供は大勢の人達によって物語を語ってほしいとは思わないでしょう。母親ひとりの地味な語りのほうを好むでしょう。

もちろんそれは母親だからということとあります。しかし、他の人であっても、それが好きな人であり、心を許せる人なら、その人の声だけで、その口調だけで、語って聞かせてもらうことは、大人数の演劇などとは、また別の魅力があります。

## ●人間には語りというものが必要

ただ、そういう語りに、現代人はあまりなじみがなくなりました。昔話を語って聞かせてくれる祖母も祖父も母親も父親も、少なくなりました。

もともとなじみのないところに、知らないおじさんが着物で出てきて語り出しても、それは聴く気がしません。

しかし、人間には語りというものが必要なはずです。誰かが自分に語りかけてくれるということが必要なはずです。そこには、他にない魅力があるはずです。

## ●「細やかさ」ということ

落語は、同じ噺《はなし》を何回でも聴けます。

それは語りというものが、音楽的だからということもあるでしょう。しかし、それだけではないと思います。

同じ噺でも演者によってまるでちがって聞こえます。それは、大きな筋は同じでも、細やかな味わいがちがうからではないでしょうか。むしろ大筋を知っているせいで、より細やかな味わいに集中できるからではないでしょうか。

落語では、登場人物によって声音《こわね》をすごく変えたり、大げさな動作をしたり、説明的にやったりするよりも、あまり声音を変化させず、わずかな所作《しょさ》で人物を描き分け、説明的なことはむしろ削るほうが、よしとされます。これはわかりやすさとは逆方向です。しかし、そうすることで、細やかな味わいが出ます。それを大切にしているからこそではないでしょうか。

落語の語りでは「間《ま》」が大切とされます。そして、この間は、師匠から弟子に伝えるのが難しいそうです。そういう曰《いわ》く言い難い、曖昧《あいまい》なものを、聴くほうが感じとれるのも、細やかに見ているからこそではないでしょうか。

## ●細やかな味わいの世界に入っていく

落語を初めて聴くときに、もし何か心構えがあったほうがいいとしたら、それは「これから細やかな味わいの世界に入っていくのだ」ということではないでしょうか。それは派手さや華やかさやわかりやすさとは、ある種、逆の世界です。

今は派手で華やかでわかりやすいものが一般的ですから、それだけでつまずいてしまうこともあるかもしれません。大きなマイナスに感じられてしまうこともあるかもしれません。

しかし、だからこその「無上の甘露味」もあるということを、心にとめておいていただきたいと思うのです。

**A**　同じ噺を何回でも聴けるのは、細やかな世界に入りこんで、その「無上の甘露味」を感じとれているから。

［書籍紹介］

『安部公房全集』全三〇巻　新潮社

編年体（小説とかエッセイとかジャンルで分けずに、すべての作品を執筆年代順に配列）による決定版全集です。安部公房は三遊亭圓朝のことを「日本の文学を考える場合、無視することのできない重要な作家」としています。

『芥川龍之介全集7』ちくま文庫
「侏儒の言葉」が入っています。芥川龍之介は落語好きで、家には圓朝の息子が出入りしていたそうです。桂米朝の師でもある演芸評論家の正岡容も、十八歳の若さで芥川龍之介に絶賛されたことをきっかけに文筆活動に入りました。

## Q34 落語ってじつは絶望的？

### ●らくだ解体新書

ここまでお読みいただき、誠にありがとうございました。

最後に、ひとつの噺《はなし》をじっくり分析してみたいと思います。落語というのは、どの噺も、細かく分析していくと、じつに面白いものです。

どの噺にするか迷いましたが、『らくだ』にしたいと思います。江戸にも上方《かみがた》にもあり、知っている人が多く、初心者にも面白く、噺家さんからも高く評価されている名作だからです。

## ●『らくだ』と黒澤明の『生きる』

「らくだ」というあだ名の男の長屋に、兄貴分の「脳天《のうてん》の熊五郎」が訪ねてくるところから始まります。

らくだはフグにあたって死んでいます。どうしたものかと困っていると、くず屋が通りかかります。葬式代にするため、家の中のものを全部売ろうとしますが、どれも以前にくず屋が断ったものばかり。

熊五郎はくず屋を、長屋の月番《つきばん》のところに行かせて「香典を集めて持ってくるように」と言わせます。

さらに大家《おおや》のところに行かせて「葬式用に、酒と煮しめを持ってくるように」と言わせます。漬物屋に行かせて「棺桶の代わりに漬物桶を貸せ」と言わせます。

中心的な人物である「らくだ」は最初から死んでいます。そして、くず屋や月番や大家や漬物屋が、らくだがいかにひどい人間であったかを語ります。

このあたりは、黒澤明監督の映画『生きる』の後半と、とてもよく似ています。主人公の勘治はもう死んでいて、葬式に集まった人たちが、勘治について語ります。黒澤監督は落語好きでしたから、もしかすると『らくだ』が影響しているのかもしれません（途中で主人公が亡くなる展開を思いついたのは、脚本家の小国英雄《おぐにひでお》らしいですが、小国英雄もまた落語に詳しいです）。

回想で語るほうが、印象的なエピソードだけを自然かつ効果的に羅列《られつ》することができます。

## ●「耳の物語」らしい形式と内容

くず屋は、長屋のあちこちに三回行かされます。

この「三回」という回数は、昔話などの「耳の物語」（口承文学）の基本中の基本です。だいたい三回くり返すのです。

大家は最初、酒も煮しめも断ります。「それなら死人《しびと》にかんかん踊りをさせる」と脅《おど》かされても、「やれるもんならやってみろ」と強気です。

ところが、熊五郎はくず屋に死体をかつがせて、歌いながら本当に死人を踊らせます。びっくりして大家は言うことをききます。

この死体を持ち運んでいろんな目にあわせるという趣向も、昔話によくあります（落語でも他に『算段の平兵衛』などがあります）。ヒッチコックの映画『ハリーの災難』でも死体は落ち着いて死んでいられません。こちらも昔話がもとでしょう。

## ●立場や人格の入れ替わり

さて、香典と酒肴《さけさかな》と桶がそろいます。帰ろうとするくず屋を、熊五郎は引き留めて、無理に酒を飲ませます。くず屋は酔うとだんだん乱暴に。じつは酒で身を持ち崩した人間なのです。逆に、乱暴な熊五郎は酔うと弱気に。関係の逆転です。この噺で最も人気のあるところ。ここで終わりにする噺家さんが多いです。

この「関係が逆転する」というのは、前衛的な演劇や映画でよく出てきます。たとえば、ノーベル文学賞を受賞したハロルド・ピンターの戯曲『かすかな痛み』では、外に立っていたマッチ売りの男を家に招き入れた結果、その男が家に残り、夫がマッチの籠《かご》を渡されます。

同じピンターが脚本の映画『召使』では召使と主人の関係が逆転します。ベルイマンの映画『仮面／ペルソナ』でも、アルトマンの映画『三人の女』でも、人格の入れ替わりが起きます。

立場や人格は絶対的なものではなく、入れ替わりうるということを、『らくだ』は、いち早くテーマにしているのです。

## ●絶望と笑いと落語

酔った二人は、漬物桶にらくだの死骸を詰め込んで、火屋《ひや》（火葬場）までかついで行きます。

途中で桶の底が抜けて、死骸が道に落ちますが、気づきません。

後で拾いに行き、酔って道の真ん中で寝ていた願人坊主《がんにんぼうず》（坊さんの姿で芸をして米や銭をもらう人）を間違って拾って、火屋に持ち込みます。

ここからは火屋のおやじと願人坊主という、突然出てきた二人のやりとりです。らくだも熊五郎もくず屋も、もう出てきません。主要人物が途中から出て来なくなるという自由な形式をとれるのは「落ち」があるからこそです。

この火屋のおやじがまた酔っていて、願人坊主の入った桶を、そのまま焼きます。

願人坊主がびっくりして目を覚まし、叫びます。

「ここはどこだ⁉」

「火屋《ひや》だ」と火屋のおやじ。

「冷酒《ひや》でもいいから、もう一杯」

というのが落ちです。

最後まで演じると、この噺は「酒飲み」がテーマであることがよくわかります。途中でやめるか、最後まで演じるかで、物語のテーマが変化するのも、落語という自由な形式ならではです。

どの登場人物も飲んだくれで、もし笑いがなければ、絶望的な状況です。「笑って聴いていていいのか？」などと感じる真面目な人もいるようです。

しかし、絶望を笑って語る落語だからこそ、心のどこかに絶望を抱えている私たちの心にしみるのであり、すべての人間を愛《いと》おしく感じられるようになるのだと思います。

そういう落語であり続けてほしいものだと願います。

**A**　落語から笑いを取り去ると、じつはかなり絶望的な状況が描かれていることが多い。貧乏のどん底とか、ギャンブルがやめられないとか、女や男に騙されたとか、酒で一生をだいなしにするとか……。しかし、それが人間というものだと、笑って語るのが落語の大きさ。

［CD紹介］

「らくだ」

『CDブック 栄光の上方落語』朝日放送ラジオ「上方落語をきく会」編　角川書店

六代目笑福亭松鶴の「らくだ」はこれまでも二種類のCDをご紹介してきましたが、極め付け中の極め付けがこの音源です。一時間を超える熱演です。もちろん落ちまでやっています。一九六九年一二月の高座です。

［DVD紹介］

「算段の平兵衛」

『桂米朝 昭和の名演 百噺 其の七 算段の平兵衛／蟇の油／商売根問』ユニバーサル ミュージック

殺してしまった男を運んで、首つり自殺に見せかけたり、盆踊りをさせたり、他の人たちに殴らせたり、崖から突き落としたり、いろんな目にあわせます。

黒澤明監督『生きる』東宝

黒澤明の代表作のひとつ。主人公がもう死んでいて、葬式でみんなが主人公について語るという後半の展開は、今見ても斬新です。

ヒッチコック監督『ハリーの災難』ジェネオン・ユニバーサル

主人公は死体というブラック・コメディー。「自分がハリーを殺してしまったのでは？」と何人もが思い込み、それぞれに死体を埋めたり掘り返したり。

ジョセフ・ロージー監督『召使』パイオニアLDC

召使と主人の関係が逆転していきます。「らくだ」の熊五郎とくず屋を踏まえて見るのも一興です。

ベルイマン監督『仮面／ペルソナ』シネマクガフィン

登場するのは二人の女性。舞台上で言語障害を起こした女優と、彼女を看護する女性。一方は沈黙し、一方は語り続けます。そして、二人の人格が入れ替わっていきます。

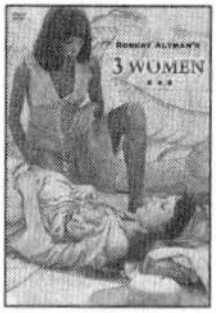


アルトマン監督『三人の女』キングレコード

タイトル通り、三人の女が登場します。二人がルームメイトとして共同生活を始め、人格が入れ替わっていきます。個人的には、生涯のベストスリーに入る映画です。

## ［書籍紹介］

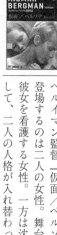

『ハロルド・ピンター全集』全三巻　小田島雄志、喜志哲雄・訳　新潮社

ベケットによってもはや究極まで行き着いてしまった閉塞感のあった演劇の世界で、その先をまったく思いがけないかたちで切り開いた劇作家です。二〇〇五年にノーベル文学賞を受賞。この全集に『かすかな痛み』も入っています。

# あとがき　落語に何度も助けられた

## ●『地獄八景亡者戯』との出会い

中学生のとき、お店で落語のカセットというのを、たまたま目にしました。「へーっ、落語も売ってるんだ」と意外に思いました。

落語をテレビで見たり、興津要《おきつかなめ》の本で読んだりしたことはありました。でも、落語の音が、音楽のように売られているとは知りませんでした。

中学生のおこづかいは限られていますから、買う気はなかったのですが、面白半分に、どんなものがあるのか眺《なが》めていました。

そうすると、『地獄八景亡者戯《じごくばっけいもうじゃのたわむれ》』というタイトルのものがありました。どう読むのかもわかりませんでした。「地獄」とか「亡者」とかすごそうです(歌舞伎の知識もなかったので、なおさらこういうものものしいタイトルにびっくりしました)。

なんだこれはと手にとってみると、カセットのA面もB面も『地獄八景亡者戯』です。他の落語のカセットは、A面にひとつ、B面にひとつと、二つの噺《はなし》が入っているのに、これだけは両面でひとつ。収録時間を見ると、ひとつの噺で一時間以上もあるよう。

「こんな長い落語があるのか！」と、そのことにも驚きました。

テレビでやる落語は十分か十五分くらいものが多かったですから。

どうにも気になって、迷ったすえ、とうとうそのカセットを買って帰りました。

家で聴いてみると、これまで知っていた落語とはまるでちがいます。長いということだけでも、まったく世界がちがいます。

思えば、これが落語好きになるきっかけでした。

『桂米朝　上方落語大全集』の中の一本でした。

## ●十三年間の闘病生活を落語が支えてくれた

でも、それですぐに落語をどんどん聴きだしたわけではありません。

音楽が好きだったので、落語までなかなか手が回りませんでした。ただ、ラジオで落語の放送があるときは、録音するようにしていました。今では貴重なものもあり、録音しておいてよかったと思います。

落語をよく聴くようになったのは、大学三年生の二十歳のときに、突然、難病になって、それから入退院を十三年間くり返したときです。

入院中、外出許可が出ると、病院の近くの公園とかを歩いていたのですが、何か自分へのお土産を買って帰りたくなりました。といっても、お腹の病気だったので食べるものはダメです。病室に戻るわけですから、置き場所に困るようなものも買えません。

そこで思い出したのが、昔の『地獄八景亡者戯』です。あの『桂米朝　上方落語大全集』をまだ売っていたら、それを買って帰って、病院のベッドで聴くといいのではないか。カセットくらいなら、床頭台（病院のベッドのわきに置いてある物入れ）の引き出しに入ります。

幸い、近くに大きなCDショップがあったので行ってみると、七階だったか八階だったかに、落語のカセットのコーナーがあって、『桂米朝　上方落語大全集』がずらっと並んでいました。

それで、その後は外出許可がおりるたびに、そこに行って、一本ずつカセットを買って帰りました。床頭台の引き出しの中に、だんだんカセットがたまっていきました。

## ⑬病室で聴く落語

病室で聴く落語は、予想以上によかったです。

ベッドに寝て、点滴が落ちるのをながめながら、イヤホンで落語を聴きます。眠れない夜も、イヤホンなら他の患者さんの迷惑にならないので、小さな音でこっそり落語を聴きました。

テレビのバラエティー番組とかは、画面の中でみんなが明るく騒いでいて、「世間は楽しそうなのに、自分は……」と落ち込んでしまって、とても見ていられませんでした。

でも落語は、本文の中でも書きましたが、絶望的な状況が下地《したじ》になっていますから、絶望的な気持ちの中で聴いても、とても沁《し》みました。

笑うことまでは、当時はできませんでしたが、それでも、どれほど救いになったかしれません。

逆に言えば、落語がなかったら、どうしていたのかと思うほどです。

## ●つらいとき誰もが落語にハマった

その後、知り合いが入院したときにも、桂米朝のカセットのセットとか、古今亭志ん朝のカセットのセットとかをお見舞に持って行って、ずいぶん感謝されました。

最初は、「こんなの聴くかなあ?」とか言っているのですが、みんなハマりました。私が人に落語をすすめるのは、そうした経験があるからです。

私自身も、桂米朝だけでなく、他の落語家の噺もどんどん聴くようになりました。そうすると、一口に落語といっても、噺家によって、まるで世界がちがうことがわかりました。これには、とても驚きました(落語には驚かされてばかりですが)。文楽、志ん生、圓生という三人だけでも、まるでちがいます。

テレビでしか落語を聴いていなかったときは、五代目柳家小さんがよく出ていた頃だったので、落語と言えば、そういうものだと思っていました。

それがじつは小さんの個性であって、落語はもっと多様なのだと気づいたのは、かなり後になってからでした。

## ●生活の道も落語のおかげで

私はもともとは本を読むほうではありませんでした。

本を読むようになったのも、二十歳で入院してからです。

ですから、本を書く仕事をするというのは、とても意外なことでした。

しかし、ベッドの上でできる仕事は限られています。原稿を書く以外には思いつきませんでした。

いろんな原稿をベッドの上で書いて、いろんな出版社に送って、ほとんどが不採用で戻ってきました。赤い太いペンで、表紙に大きな×がつけてあったりしました。普通なら挫《くじ》けるのでしょうが、なにしろ他に道がないのだから仕方ありません。

ようやく本を出してもらえるようになったとき、初めて会う編集者さんや、記者の方から、「もしかして落語がお好きですか？」と聞かれることがしばしばありました。

どうしてわかるのだろうと不思議でしたが、どこか文章にそういう感じがあるのだそうです。自分ではわかりませんが。

落語を聴いていたおかげで、苦手だった文章もどうにかこうにか書けるようになったのだとしたら、口に糊《のり》することができるのも、落語のおかげということになります。

## ● 桂米朝さんにお会いした思い出

一度だけ、桂米朝さんにお会いしたことがあります（お会いしたときの話なので、ここだけは「さん付け」にさせてもらいます）。

ずっと病院にいると、誰にも会いに行けないということが、年々、こたえてきます。

もし外を出歩けるようになったら、尊敬する人のところにぜひ会いに行きたいと思っていました。

手術をして、外を出歩けるようになって、でも、すぐに会いに行く勇気はありませんでした。

落語の本を出したいと思って（この本のことです）、その内容について、見当外れではないかどうかが気になって、それで勇気を出して、桂米朝さんの楽屋をお訪ねしました。

当然、途中で止められて、お会いできませんでした。そうだろうとは思って、あらかじめお手紙を書いてあったので、「これだけでも渡していただけないでしょうか？」とお願いして帰りました。

すると後日、桂米朝さんからお葉書が届き、いついつだったら楽屋を訪ねてもらえればお会いできるという旨《むね》が書いてありました。

大喜びし、当日は早くから出かけて待っていて、でもどのタイミングで訪ねていいものかわからず、迷ったすえ、ついに楽屋に行ってみると、話が通してあったようで、すぐに通してもらえました。

桂米朝さんの正面に座らせていただいて、そのときの感激は今も忘れません。本当に後光が差して見えるから不思議です。

この本に書いたことについて、どう思われるか、いろいろ意見をうかがいました。また、いろいろ教えてもいただきました。

こちらのどんな変な質問にも、たちまちたくさんの例でお答えくださる、本当にすごい方でした。

## ●まるで指揮者のよう！

桂米朝さんの出番が近づき、着物を着替えるということになり、私は舞台の袖《そで》から舞台を拝見することになりました。

袖から見たのは初めてのことでしたが、本当に驚きました。まだ米朝さんの前の方がやっておられました。当然、真打ちの方です。袖からは観客席の人たちもよく見えるのですが、みなさん、笑っていたり、笑っていなかったり、それぞれに身じろぎしたり。いろんな人がいるのですから、当然のことです。

ところが、米朝さんが舞台に上がって、噺を始めてしばらくすると、観客席の人たちが、同じように笑ったり、同じように半笑いになったり、同じように真剣な顔になったり、とにかく全員が同じ表情になるのです。表情だけではありません。身体が少し右に傾いたり、左に傾いたり、少し前のめりになったりという、身じろぎまでが、全員同じにそろっているのです！

まるで米朝さんが指揮者で、オーケストラを指揮しているかのようでした。観客には老若男女がいますし、落語通の人もいれば、落語を聴くのが初めての人もいるはずです。それなのに、全員が指揮棒にしたがうかのように、身体を動かし、同じ表情をするのです。

これにはすっかり度肝《どぎも》を抜かれました。

名人になったかどうかは、高座に出た人には、自分でわかるんだなあと、初めて知りました。

そのとき、下座《げざ》のお囃子《はやし》のおばあさんが、笑いました。思わず笑ってしまったという感じでした。

下座のお囃子のおばあさんは、どれほどくり返し噺を聴いたかしれないでしょう。それこそ、嫌になるほどだと思います。それなのに、つい笑ってしまう。

名人というのは、つくづくすごいものだと、ほとほと感じ入りました。

このときの経験は今でも忘れられません。

## ●長い年月をかけてようやく

桂米朝さんは、私の落語の本が出たら、「必ず読みます」とおっしゃってくださいました。

まあ、面と向かって、読みませんとも言えませんから、それはそうおっしゃるでしょうが、それでもとても嬉しかったです。

いつか落語の本を出して、米朝さんにお送りしようと思っておりました。

しかし、私はなにしろ演芸評論家ではありませんし、落語の本を出したくても、そうそう出せるものではありません。

それから何年も何年も歳月が流れました。

あるとき、東海大学出版部の月刊雑誌「望星《ぼうせい》」の編集部の寺田幹太さんが、連載の話をくださったのですが、その内容をどうするかというときに、「落語についてはどうでしょう？」と言ってくださいました。

私はそのとき、まだカフカの本しか出していなかったので、落語について連載できるとは思ってもみませんでした。雑談では落語の話をしていましたが、落語について書くということはまったく思ってもみませんでした。

それを寺田さんのほうから提案してくださったのですから、驚きましたし、感激しました。編集者として、とても勇気のあるご決断だったと思います。

一年の連載ということでしたが、二度も延長してくださって、けっきょく三年間も連載させていただきました。

その連載が、この本のもとになっています。

桂米朝さんは、この連載をしている途中で、お亡くなりになってしまいました。本をお送りすることは、ついにできませんでした。

前にも引用しましたが、夏目漱石は、三代目柳家小さんについて『三四郎』の中で、こう書きました。

「小さんは天才である。あんな芸術家はめったに出るものじゃない。(中略) じつは彼と時を同じゅうして生きている我々はたいへんなしあわせである。今から少しまえに生まれても小さんは聞けない。少しおくれても同様だ」

桂米朝さんと同じときに生きて、その高座を聴くことができたのは、本当に幸せなことだったと思います。

## ● 落語に救われた人間もいるというサンプル

今回、筑摩書房の編集者、吉澤麻衣子さんのおかげで、こうして本となりました。

しかも、ちくま文庫に入れていただけることになりました。

ちくま文庫の落語の本は、私の本棚にずらりと並んでいます。いつか落語の本を出したいとは思っていましたが、まさかちくま文庫に入れていただけるとは、思ってもみませんでした。

連載の原稿をもとに、全面的に手を入れました。

東海教育研究所の寺田幹太さん、筑摩書房の吉澤麻衣子さんには、ただただ感謝の気持ちでいっぱいです。

そして、この本をお読みくださったみなさまに、心より御礼を申しあげます。読んでいただけてこその本です。

長々と私事《わたくしごと》を書かせていただきましたが、落語によって、このように救われた人間もいるという、ひとつの見本と思っていただければ幸いです。

私は今でも、落語を聴かない日は、一日もありません。生きるために欠かせないものだと思っています。

みなさまにとっても、落語が楽しみとなり、またそれ以上の大切なものとなりますように。

# 解説　稀有な落語本

桂　文我（落語家）

昭和五十四年三月、二代目桂枝雀に入門し、二年間の内弟子修業を終えた頃、師匠から「落語に関する資料を集めて、どんな角度から質問されても、答えられるようにしておきなさい」と言われた一言で、約四十年間、全国各地の古本屋・骨董屋等を訪ね、ネットオークションにも参加した結果、十万点以上の演芸資料を集めることが出来た。

落語関係の本に目を通すのは勿論のこと、江戸時代の刷物・番付なども検証を重ねながら、落語や噺家の歴史を調査してきたつもりである。

残念ながら、近年刊行された落語に関する研究書は、先人の検証の孫引き・曾孫引きの間違いを引用している場合が多かったが、本書『落語を聴いてみたけど面白くなかった人へ』は、完全に一線を画している。

中途半端な調査で纏めた本でないことは太鼓判を捺すし、筑摩書房には悪いが、文庫本で始めるには勿体ないと思うほど、ハイグレードな内容である。

落語の手引き書のような感があるが、噺家の演出やテクニックまで、濃厚に述べられている点から見ても、昨今の演芸研究家や落語作家が刊行した本とは、グレードが違う。

このように述べると、「おべんちゃらを言うな！」と思う方もあるだろうが、これが世辞であらば、私が後世まで恥をかくことになる。

間違っても、そんな馬鹿なことはしない。

私も最近、『桂文我上方落語全集』（パンローリング）の刊行を始めたが、一番苦労するのが、「読む落語」と「見る・聞く落語」の差を、どのように埋めるかである。

ネタ本の出版に際して、いつも基本に考えているのが、『桂米朝上方落語選』（立風書房）の前書きの「私は文字で書かれた落語と、高座でお客を前にして喋った場合の落語とは、はっきり別のものであると思っています」という一文だ。

つまり、活字になった落語は、骨の構造を確かめ、高座の芸は、肉の美味しさを味わうことに等しいのかも知れない。

日本の噺家、いや、世界各国に存在する語り部は、この骨と肉の関係のバランスを考えながら、物語の世界の面白さを伝えているとも言えよう。

『落語を聴いてみたけど面白くなかった人へ』は、噺家の演出・構成・演じ方にまで話が及んでおり、それも「面白くないのがあたりまえ」ということから始まっている点が面白い。

三十年前、師匠・枝雀に「落語は、本当に面白い芸ですか?」と質問したことがある。

師匠は笑いながら、「面白いと思えん方には、面白いと思ってもらえるような演じ方を披露するしかない。但し、落語会に来はる方は、少なくとも、落語に対して、前向きな姿勢になってもろてることは間違いないから、その方に面白ないと思われたら、自分の内容と腕前を反省するしかないわ」と述べ、その後、「味を濃く演じ過ぎると、飽きられるのが早い」とか、「やかましいのと、派手なのは違う。やかましい高座は、落語の世界を壊す」や、「笑いの量より、品《ひん》を重んじる」という話にまで及んだ。

爆笑王とまで言われた桂枝雀が、「笑いの量より、品を重んじる」と述べたことを意外に思う方もあるだろうが、弟子が言うのもおこがましいが、私の師匠は、高座も人間性もピカ一の品が備わっていたように思う。

当時、大師匠・桂米朝師の全国公演に同行する機会が多かったため、師匠から「良い機会やから、打ち上げの後、チャーちゃん(※米朝師のこと)の部屋へ行って、マッサージをさせてもらいながら、チャーちゃんのネタの出所や、コツを教えてもらいなさい」と言われ、それを実行したお蔭で、膨大な教えを受けることが出来たが、その時に聞いた話の数々が、『落語を聴いてみたけど面白くなかった人へ』に記されていること自体、実に不思議で、仕入れ先を聞きたいほどだ。

また、「落ちは、物語をどこでも終わらせることができる」とまで、ハッキリ述べている書を、私は他に知らない。

確かに、落ちは駄洒落やアイデアで、ある世界を急に終わらせることが出来るが、そのような落ちばかりではないようだ。

師匠・枝雀は、十八番だった『天神山』で、従来の落ちは使わず、「ある春の日のお話でございます」と言って、高座を下りたが、見事な落ちを聞いたような爽快感があった。

生意気ながら、師匠に「あの終わり方は、余情落ちとも言えませんか？」と述べると、「落ちやないけど、そんな捉え方があってもええかもしれん。そんな落語もチョイチョイあるし、ケッタイな落ちやったら、途中で終わる方が良い場合もある」とのこと。

どうやら、落語のラストは、知的なことだけではなく、聞き手が納得するような情感や懐かしさで迫ることも出来るようだ。

読む落語と、実際に耳で聞き、目で見る落語は別だという話に関連し、六代目三遊亭圓生師が「速記で覚えたのは、すぐわかる。どこか、噺が死んでる」と述べているが、圓生師自身も速記本を土台にして覚えたネタも多く、また、六代目笑福亭松鶴、三代目桂米朝を始めとする、当時の上方の若手噺家が、昭和十一年から十五年まで、四十九冊刊行された雑誌「上方はなし」の速記により、ネタを見事に復活させたことも事実である。

つまり、キチンと修業を積み、的確な判断により、構成し直せる力さえあれば、速記で残る噺を復活させることが出来る訳で、中途半端な修業しかしなかった噺家の、不出来な構成・演出の芸を習うより、充実していることは明らかだ。

残された言葉により、当時の様子を再構築する作業は、難儀であるが、楽しい。

私が生まれ育った三重県松阪市は、江戸時代、国学者・本居宣長を輩出した町である。

当時、誰も重要視しなかった「古事記」を、三十五年の年月をかけて調べ上げ、『古事記伝・四十四巻』という、「古事記」の解説書を著したが、他の学者と本居宣長の違いは「残された文字の意味を研究する」と「古代の声を聞く」の差だったと思う。

冷凍保存されていた天武天皇や稗田阿礼の声を聞こうとしたことが、古事記解読の突破口になった訳で、文字から声を推し量ることが不可能ではない証拠が、そこにある。

但し、実際の語りによるパワーと感動は、文字では表せないことがあるのも事実で、そこに芸の面白さもあると言えよう。

高校時代、アレックス・ヘイリーの「ルーツ」というテレビ番組が人気を博し、私も原作を読んだ。

ヘイリーの家系を辿る物語だったが、アフリカからアメリカに奴隷船で連れてこられたクンタ・キンテから、何代も経た後、末裔のヘイリーが先祖を追って、アフリカの一部族に辿り着いた時、村の語り部が「クンタ・キンテという子どもが、急に居なくなり」と語り出した時、身体に戦慄が走ったそうである。

本で読んだ私でさえ、強烈に驚いたほどだから、実際、語り部の口から聞いたヘイリーの驚きと感動は、文字では容易に言い表せなかったであろう。

私の経験で言えば、一昨年、青森県十和田市の公演の時、霊場・恐山で一泊し、イタコに故人を呼び出してもらった時、それに近い感慨を覚えた。

その経験を大阪の仲間内で話をすると、「それは芸だ」と言った者もあったが、そんなことはどうでもよく、あの世の者の声を、現世で生きている方の口から聞いたことに値打ちがあったのだ。

明治三十六年から日本でも始まったレコード録音に収録された当時の名人の声を聞くのも、イタコの声を聞くことに近いかもしれないが、やはり、生の声で迫ってくる迫力には勝てないだろう。

それほど、人の口から語られる言葉や声には力があり、将に「言霊が宿る」という証明ではなかろうか。

話が彼方此方に行ったが、このようなことを考えさせられるだけの内容と力が、『落語を聴いてみたけど面白くなかった人へ』にはある。

落語の手引き書のような雰囲気を持つ、プロ用の研究書だ。

最後に重ねて申し上げるが、これは決して、お世辞の一文ではない。

今後も著者には、違う角度から、落語に迫ってもらえれば幸せである。

本書は「望星」（東海教育研究所）二〇一五年五月号から二〇一八年四月号までの同タイトルの連載に、加筆・修正を行い、まとめたものである。

**絶望図書館**　頭木弘樹編

心から絶望したひとへ、絶望文学の名ソムリエが古今東西の小説、エッセイ、漫画等々からぴったりの作品を紹介。前代未聞の絶望図書館へようこそ！

**トラウマ文学館**　頭木弘樹編

大好評の『絶望図書館』第2弾！　もう思い出したくもないという読書体験が誰にもあるはず。洋の東西、ジャンルを問わずそんなトラウマ作品を結集！

**上方落語 桂米朝コレクション1 ——四季折々**　桂米朝

今はもう失われてしまった季節感あふれる「けんげしゃ茶屋」「正月丁稚」「池田の猪買い」他。本人による作品解説付。（小松左京）

**上方落語 桂米朝コレクション2 ——奇想天外**　桂米朝

落語の原型は上方にあり。第二巻「奇想天外」はシュールな落語大集合。突拍子もない発想、話芸ならではの世界。本人による解説付。（堀晃）

**上方落語 桂米朝コレクション3 ——愛憎模様**　桂米朝

渦巻く愛憎、とまらぬ色気。人間の濃さ、面白さが炸裂する「愛憎模様」。「たちぎれ線香」「崇徳院」「三枚起請」「持参金」他。（わかぎゑふ）

**上方落語 桂米朝コレクション4 ——商売繁盛**　桂米朝

第四巻「商売繁盛」は商売の都にふさわしい商人の心意気や、珍商売の数々にちなんだ落語を。「帯久」「つぼ算」「道具屋」他。（かんべむさし）

**上方落語 桂米朝コレクション5 ——怪異霊験**　桂米朝

第五巻はこわいこわい、そして不思議な落語集。「猫の忠信」「仔猫」「狸の化寺」「狸の賽」「怪談市川堤」「五光」「紀州飛脚」他。（橋爪紳也）

**上方落語 桂米朝コレクション6 ——事件発生**　桂米朝

第六巻は些細なことから騒動が勃発する「事件発生」。「らくだ」「宿屋仇」「どうらんの幸助」「次の御用日」「算段の平兵衛」他収録。（芦辺拓）

**上方落語 桂米朝コレクション7 ——芸道百般**　桂米朝

第七巻は「芸道百般」。様々な芸能、芸事に関わる落語集。「軒づけ」「花筏」「蔵丁稚」「七段目」「蛸芝居」「くしゃみ講釈」他。（田辺聖子）

**上方落語 桂米朝コレクション8 ——美味礼賛**　桂米朝

最終巻は「美味礼賛」。思わず唾があふれる落語集。「饅頭こわい」「鹿政談」「田楽喰い」「鴻池の犬」「京の茶漬」他。著者御挨拶付。（中野晴行）

**らくごDE枝雀**　桂枝雀

桂枝雀が落語の魅力と笑いのヒミツをおもしろおかしく解きあかす本。持ちネタ五選と対談で、「笑いの正体」が見えてくる。（上岡龍太郎）

**桂枝雀のらくご案内**　桂枝雀

上方落語の人気者が愛する持ちネタ厳選60を紹介。噺の聞かせどころや想い出話をまじえて楽しく落語の世界を案内する。（イーデス・ハンソン）

**古典落語　志ん生集**　古今亭志ん生　飯島友治編

八方破れの生きざまを芸の肥やしとした五代目志ん生の、「お直し」「品川心中」など今も色褪せることのない演目を再現する。

**なめくじ艦隊**　古今亭志ん生

〝空襲から逃れたい〟、〝向こうには酒がいっぱいある〟という理由で満州行きを決意。存分に自我を発揮して自由に生きた落語家の半生。（矢野誠一）

**びんぼう自慢**　古今亭志ん生　小島貞二編・解説

「貧乏はするものじゃありません。味わうものですな」その生き方が落語そのものと言われた志ん生が自らの人生を語り尽くす名著の復活。

**志ん生滑稽ばなし**　志ん生の噺1　古今亭志ん生　小島貞二編

何度も甦り、ファンの心をつかんで放さない志ん生落語。その代表作をジャンル別に分けて贈るシリーズの第一弾。爆笑篇二十二席。（大友浩）

**志ん生の忘れもの**　小島貞二

「人生そのものが落語」と言われた志ん生。自伝『びんぼう自慢』の聞き手である著者が長年の交流の中で知り得た志ん生の姿を描くファン必読の一冊。

**志ん朝の風流入門**　古今亭志ん朝　齋藤明

失われつつある日本の風流な言葉を、小唄端唄、和歌俳句、芝居や物語から選び抜き、古今亭志ん朝の粋な語りに乗せてお贈りする。（浜美雪）

**志ん朝の落語6**　――騒動勃発　古今亭志ん朝　京須偕充編

得がたい芸風で噺をゆたかにふくらませた古今亭志ん朝。最終巻は小気味よい啖呵さえわたる「大工調べ」から「高田馬場」まで全十一篇。

**落語百選　春**　麻生芳伸編

古典落語の名作を、その〝素型〟に最も近い形で書き起こす。故金原亭馬生師の挿画も楽しい。まずは、おなじみ「長屋の花見」など25篇。（鶴見俊輔）

**この世は落語**　中野翠
ヒトの愚かさのいろいろを呑気に受けとめ笑ってしまう。そんな落語の魅力を30年来のファンである著者が、イラスト入りで語り尽くす最良の入門書。

**落語を聴かなくても人生は生きられる**　松本尚久編
落語家が名人芸だけをやっていればよかった時代は去った。時代と社会を視野に入れた他者の視線を通じて落語の現在を読み解くアンソロジー。

**滝田ゆう落語劇場（全）**　滝田ゆう
下町風俗を描いてピカ一の滝田ゆうが意欲満々取り組んだ古典落語の世界。作品はおなじみ「富久」「芝浜」「死神」「青菜」「付け馬」など三十席収録。

**江戸へようこそ**　杉浦日向子
江戸人と遊ぼう！　北斎も、源内もみ～んな江戸のワタシラだ。江戸人に共鳴する現代の浮世絵師が、イキイキ語る江戸の楽しみ方。（泉麻人）

**大江戸観光**　杉浦日向子
はとバスにでも乗った気分で江戸旅行に出かけてみましょう。歌舞伎、浮世絵、狐狸妖怪、かげま……。名ガイドがご案内します。（井上章一）

**春画のからくり**　田中優子
春画では、女性の裸だけが描かれることはなく、男女の絡みが描かれる。男女が共に楽しんだであろう性表現に凝らされた趣向とは。図版多数。

**江戸百夢**　田中優子
世界の都市を含みこむ「るつぼ」江戸の百の図像（手拭いから彫刻まで）を縦横無尽に読み解く。平成12年度芸術選奨文部科学大臣賞、サントリー学芸賞受賞。

**張形と江戸女**　田中優子
江戸時代、張形は女たち自身が選び、楽しむものだった。江戸の大らかな性を春画から読み解く。図版追加。カラー口絵4頁。（白倉敬彦）

**カムイ伝講義**　田中優子
白土三平の名作漫画『カムイ伝』を通して、江戸の社会構造を新視点で読み解く。現代の階層社会の問題が見えると同時に、エコロジカルな未来も見える。

**江戸の大道芸人**　中尾健次
江戸の身分社会のなかで、芸人たちはどのような扱いを受け、どんな芸をみせていたのだろうか？　被差別民と芸能のつながりを探る。（村上紀夫）

ポケットに外国語を　黒田龍之助
言葉への異常な愛情で、外国語本来の面白さを伝えるエッセイ集。ついでに外国語学習が、もっと楽しくなるヒントもつまっている。（堀江敏幸）

その他の外国語エトセトラ　黒田龍之助
英語、独語などメジャーな言語ではないけれど、世界のどこかで使われている外国語。それにまつわる面白いけど役に立たないエッセイ集。（菊池良生）

世界のことばアイウエオ　黒田龍之助
世界一周、外国語の旅！　英語や日本語といった身近な言語からサーミ語、ゾンガ語まで、100のことばについて綴ったエッセイ集。（高野秀行）

うつくしく、やさしく、おろかなり　杉浦日向子
生きることを楽しもうとしていた江戸人たち。彼らの紡ぎ出した文化にとことん惚れ込んだ著者がその思いの丈を綴った最後のラブレター。（松田哲夫）

雨の日はソファで散歩　種村季弘
雨が降っている。外に出るのが億劫だ……稀代のエンサイクロペディストが死の予感を抱きつつ綴った文章を自ら編んだ最後のエッセイ集。

ことばの食卓　武田百合子　野中ユリ・画
なにげない日常の光景やキャラメル、枇杷など、食べものに関する昔の記憶と思い出を感性豊かな文章で綴ったエッセイ集。（種村季弘）

遊覧日記　武田百合子　武田花・写真
行きたい所へ行きたい時に、つれづれに出かけてゆく。一人で。または二人で。あちらこちらを遊覧しながら綴ったエッセイ集。（巖谷國士）

恋する伊勢物語　俵万智
恋愛のパターンは今も昔も変わらない。恋がいっぱいの歌物語の世界に案内する、ロマンチックでユーモラスな古典エッセイ。（武藤康史）

本が好き、悪口言うのはもっと好き　高島俊男
痛快エッセイ「『支那』はわるいことばだろうか」をはじめ、李白と杜甫の人物論、新聞醜悪録など、すべての本好きに捧げる名篇を収めた著者の代表作。

ニッポンの小説　高橋源一郎
わかりやすく文学の根源的質問に答える。「言葉とは？」「日本近代文学とは？」いま明らかにされる文学百年の秘密。（川上弘美）

わたしの小さな古本屋　田中美穂
会社を辞めた日、古本屋になることを決めた。倉敷の空気、古書がつなぐ人の縁、店の生きものたち……。女性店主が綴る蟲文庫の日々。（早川義夫）

文庫本を狙え！　坪内祐三
20年に及ぶ週刊文春の名物連載「文庫本を狙え！」。そのスタートから4年間・171話分を収録。文庫出版をめぐる生きた記録。（平尾隆弘）

本屋、はじめました 増補版　辻山良雄
リブロ池袋本店のマネージャーだった著者が、自分の書店を開業するまでの全て。その後のことを文庫化にあたり書き下ろした。（若松英輔）

「読み」の整理学　外山滋比古
読み方には、既知を読むアルファ（おかゆ）読みと、未知を読むベータ（スルメ）読みがある。リーディングの新しい地平を開く目からウロコの一冊。

アイディアのレッスン　外山滋比古
しなやかな発想、思考を実生活に生かすには？　たんなる思いつきを〝使えるアイディア〟にする方法をお教えします。『思考の整理学』実践篇。

異本論　外山滋比古
表現は人に理解されるたびに変化する、それが異本である。読者は自由な読み方をしてよいのだ、著者の意図など考慮せずに。画期的な読者論。

問答有用 徳川夢声対談集　徳川夢声　阿川佐和子編
話しを引き出す名人相手に、吉田茂、湯川秀樹、志賀直哉、山下清、花森安治、松本清張、藤田嗣治ら20名が語った本音とは？（阿川佐和子）

ムーミン谷のひみつ　冨原眞弓
子どもにも大人にも熱烈なファンが多いムーミン。その魅力の源泉を登場人物に即して丹念に掘り起こす、とっておきのガイドブック。イラスト多数。

無限の本棚 増殖版　とみさわ昭仁
幼少より蒐集にとりつかれ、物欲を超えた〝エアコレクション〟の境地にまで辿りついた男が開陳する驚愕の蒐集論。伊集院光との対談を増補。

小津ごのみ　中野翠
小津監督は自分の趣味・好みを映画に最大限取り入れた。インテリア、雑貨、俳優の顔かたち、仕草や口調、会話まで。斬新な小津論。（与那原恵）

**本好き女子のお悩み相談室**　南陀楼綾繁
一箱古本市で出会った全国各地の本好き女子が抱える人生のお悩みに対し、3冊の推薦本(本のお好みにも配慮?!)で快方へ導くお悩みブックガイド。

**この話、続けてもいいですか。**　西加奈子
ミッキーこと西加奈子の目を通すと世界はワクワク、ドキドキ輝く。いろんな人、出来事、体験がてんこ盛りの豪華エッセイ集！　(中島たい子)

**文豪文士が愛した映画たち**　根本隆一郎編
谷崎、荷風、乱歩……映画に魅せられた昭和を代表する作家二十数名の映画に関する文章を編む。読めば映画が見たくなる極上シネマ・アンソロジー。

**時代劇　役者昔ばなし**　能村庸一
「鬼平犯科帳」「剣客商売」を手がけたテレビ時代劇名プロデューサーによる時代劇役者列伝。春日太一氏との語り下ろし対談を収録。文庫オリジナル。

**深沢七郎の滅亡対談**　深沢七郎
自然と文学(井伏鱒二)、「思想のない小説」論議(大江健三郎)、ヤッパリ似た者同士(山下清)他、人間滅亡教祖の終末問答19篇。　(小沢信男)

文豪怪談傑作選・特別篇
**文藝怪談実話**　東雅夫編
日本文学史を彩る古今の文豪、彼らと親しく交流した芸術家や学究たちが書き残した慄然たる超常現象記録を集大成。岡本綺堂から水木しげるまで。

**吉原はこんな所でございました**　福田利子
三歳で吉原・松葉屋の養女になった少女の半生を通して語られる、遊廓「吉原」の情緒と華やぎ、そして盛衰の記録。　(阿木翁助　猿若清三郎)

**痕跡本の世界**　古沢和宏
古本には前の持ち主の書き込みや手紙、袋とじなど様々な痕跡が残されている。そこから想像がかきたてられる。新たな古本の愉しみ方。帯文＝岡崎武志

**快楽としての読書　日本篇**　丸谷才一
読めば書店に走りたくなる最高の読書案内。小説からエッセー、詩歌、批評まで、丸谷書評の精髄を集めた魅惑の20世紀図書館。　(湯川豊)

**快楽としての読書　海外篇**　丸谷才一
ホメロスからマルケス、クンデラ、カズオ・イシグロ、そしてチャンドラーまで、古今の海外作品を熱烈に推薦する20世紀図書館第二弾。　(鹿島茂)

**絶叫委員会** 穂村弘

町には、偶然生まれては消えてゆく無数の詩が溢れている。不合理でナンセンスで真剣だからこそ可笑しい、天使的な言葉たちへの考察。（南伸坊）

**世間を渡る読書術** パオロ・マッツァリーノ

謎のイタリア人パオロ氏が、ご近所一家の様々な疑問に答えて、テーマに沿ったおすすめ本を紹介。鮮やかなツッコミが冴える知的エンタメ読書ガイド！

**USAカニバケツ** 町山智浩

大人気コラムニストが贈る怒濤のコラム集！スポーツ、TV、映画、ゴシップ、犯罪……。知られざるアメリカのB面を暴き出す。（デーモン閣下）

**底抜け合衆国** 町山智浩

疑惑の大統領選、9・11、イラク戦争……2000−04年に発表されたコラムを集める。住んでみて初めてわかったアメリカの真実。（内田樹）

**ファビュラス・バーカー・ボーイズの地獄のアメリカ観光** 町山智浩 柳下毅一郎

ラス・メイヤーから殺人現場まで、バカバカしくも業の深い世紀末アメリカをゴシップ満載の漫才トークでご案内。FBBのデビュー作。（三留まゆみ）

**貧乏人の逆襲！ 増補版** 松本哉

安く生きるための衣食住&デモや騒ぎの実践的方法。「3人デモ」や「素人の乱」の反原発デモで話題の著者の代表作。書き下ろし増補。対談＝雨宮処凛

**出逢った日本語・50万語** 松井栄一

一冊の辞書に、なんと多くの手間と時間がかかっていることか。「日本国語大辞典」編纂に携わった著者がその苦労と魅力を語る。三浦しをん氏推薦。

**ねぼけ人生〈新装版〉** 水木しげる

戦争で片腕を喪失、紙芝居・貸本漫画の時代と、波瀾万丈の人生を、楽天的に生きぬいてきた水木しげるの、面白くも哀しい半生記。（呉智英）

**あの世の事典** 水木しげる

あの世にはいったい何が待ち受けているのだろうか？　世界中の人々が考えた〝あの世〟のイメージを文章と絵でまとめた、恐怖の大霊界事典。

**妖怪天国** 水木しげる

「古稀」を過ぎた今も締切に追われる忙しい日々をボヤキつつ「妖怪」と聞くだけで元気になる水木センセイの面白エッセイ集。（南伸坊）

ちくま文庫

落語《らくご》を聴《き》いてみたけど面白《おもしろ》くなかった人《ひと》へ

二〇二〇年八月十日　第一刷発行

著者　頭木弘樹（かしらぎ・ひろき）
発行者　喜入冬子
発行所　株式会社　筑摩書房
東京都台東区蔵前二―五―三　〒一一一―八七五五
電話番号　〇三―五六八七―二六〇一（代表）
装幀者　安野光雅
印刷所　星野精版印刷株式会社
製本所　加藤製本株式会社


ISBN978-4-480-43688-7 C0176